그저 영어 그림책을 읽어 줬을 뿐입니다!

그저 영어 그림책을 읽어 줬을 뿐입니다!

만두 아빠 지음

11살 만두는 사교육 도움 없이 어떻게 영어를 원어민처럼 하게 됐을까?

미륜책방

프롤로그

"책으로 내 보고 싶어서요."

미류책방 대표님의 연락을 받은 건 딸아이 만두의 영어 환경을 강연에서 소개한 지 하루만이었습니다. 온라인으로 진행된 강연에 참석하셨다가 저에게 연락을 주신 것이었습니다.

원어민 선생님과 자연스럽게 영어로 대화하는 만두의 자신감 넘치는 영상이 흥미로웠고, 영어 그림책을 매개로 엄마 아빠와 상호 작용한 덕분이었다는 내용도 인상적이었다고 하시더군요. 무엇보다 아이에 대한 아빠의 애정이 느껴져 감동했다고 하셔서 몸 둘 바를 몰랐던 기억이 있습니다.

사실 딸아이의 영어 환경을 소재로 책 쓸 생각을 안 해 본

건 아닙니다. 집 근처 도서관에서 책 제목에 '엄마표 영어'가 들어간 책이 최근 부쩍 늘어난 것을 알고는 일찌감치 생각을 접기 전까지는요. 2023년 4월 현재 인터넷에서 '엄마표 영어'를 검색하면, 2021년 이후 출간된 책만 30여 권이 넘고 기간을 2015년으로 늘리면 최소 100여 권이 나옵니다. 이렇게 많은 엄마표 영어책 속에서 제가 책을 출간한들 얼마나 관심을 받겠냐는 생각이 들었습니다. 더구나 작가 소개를 보면 영어 관련 경력이 화려한 분들이 많으시더군요. 그런 분들에 비하면 저는 평범하기 그지없는 아빠일 뿐이죠.

그러나 대표님의 생각은 달랐습니다. "영어 전문가의 자녀가 영어를 잘하는 건 왠지 그럴 수 있다고 생각되지만, 그렇지 않은 부모가 자녀의 영어를 원어민 수준으로 키워 냈다면 그건 차원이 다른 이야기예요. 평범한 아빠가 쓴 책이 더 큰 공감을 얻을 수 있는 이유이기도 하고요"라고 말씀하셨죠. 그리고 아빠는 평범할지 모르나 강연 내용은 전혀 평범하지 않다고도 하셨고요. 그 후 미류책방을 찾아 대표님과 편집장님 두 분과 인사하였고, 세상에 하나밖에 없는 만두 부녀만의 이야기를 기대한다며 편집장님이 제 앞으로 출간 계약서를 조용히 밀어 놓으시더군요. 저도 조용히 서명하고 나왔습니다.

바로 그날부터 난관의 연속이었습니다. 능률이 오르지 않았습니다. 왜 출간 계약서에 서명했는지 자책할 만큼 힘들었습니다. 샘플 원고를 몇 편 써 보았지만 마음에 들지 않아 고치고 다시 쓰기를 몇 주는 반복했던 것 같습니다.

하도 답답한 마음에 무작정 미류책방을 찾아가 여느 때처럼 두 분과 대화를 나누고 집으로 돌아오는 길이었습니다. 집 근처 도서관 앞을 지나는데 머릿속에서 갑자기 이야기의 흐름, 그러니까 목차가 그려지더군요. 잊어버리기 전에 목차나 적어 놓자고 도서관 열람실에 앉아 노트북을 켰고, 거의 그대로 지금과 같은 목차가 나왔습니다.

이 책의 목차는 총 8부로 구성됩니다. 1부에서는 앞으로 태어날 아이의 영어 환경과 교육 방향에 제가 눈을 뜨는 과정을 소개하였습니다. 2부에서는 딸아이의 언어 발달을 관찰하며 제 수준에서 알게 된 이론적 배경을 정리해 놓았습니다. 10여 년간 영어 그림책으로 딸아이 만두의 영어 환경을 유지할 수 있었던 큰 힘이었기 때문에 꼭 소개하고 싶었습니다.

만두의 성장 시기에 따라 구분한 3부부터 6부까지는, 예비 부모나 취학 전 어린 자녀를 둔 엄마와 아빠에 특히 도움이 될 것입니다. 어린 자녀의 영어 환경을 잘 만들어 놓으면(3&4부) 어떤 성과로 나타나는지(5&6부) 대략적으로나마 예상할 수 있기 때문입니다.

3부: 영유아 시기(1~3세)

4부: 어린이집 시기(4~5세)

5부: 유치원~초등 1년

6부: 초등 2~4년

    초등 이상 자녀를 둔 엄마와 아빠도 위와 같은 시기 구분을 통해 먼저 아이가 언어를 습득하는 원리를 이해하고 영어 그림책 읽어 주기의 효과를 확인하셨으면 좋겠습니다. 이를 바탕으로 자녀의 상황에 맞게 적절히 영어 학습을 병행한다면 분명 효과가 있을 겁니다. 엄마 아빠의 이해와 노력으로 초등 중학년 이상 자녀가 외국어의 장벽을 뛰어넘어 영어를 언어로 받아들이고 있는 사례는 많습니다.

    이어지는 7부에서는 영어 외에도 육아와 자녀 교육에 있어서 한 번은 생각해 봐야 하는 주제들을 모았습니다. 끝으로 8부는 제 블로그 '만아영(blog.naver.com/ccyccy)'의 이웃 서른 명을 대상으로 자녀의 영어 환경에 관해 컨설팅했던 내용을 자녀의 나이 대에 따라 정리한 것입니다.

    지난 10여 년 동안 만두가 언어 능력을 비롯한 여러 방면에서 조금씩 성장하는 과정을 차근차근 읽다 보면 '우리 아이의 영어 환경은 이렇게 만들면 되겠구나!' 하는 힌트를 조금은 얻어 가실 수 있지 않을까요? 혹시 아이의 언어 발달이 주요 관심사가 아니더라도 아빠와 딸의 성장 스토리로 재미있게 읽어 주시면 좋겠습니다.

아이 교육에서 "이렇게 하고 저렇게 했더니 좋은 결과가 있더군요. 그러니 따라 하세요"라고 말할 수는 없습니다. 부모마다 그리고 아이마다 성향이 다르고 집집마다 환경이 다르기 때문입니다. 다만 이 책에서 소개하는 만두 부녀의 영어 환경을 참고하여 자녀에게 최적화된 영어 환경을 만드는 데 도움이 되기를 바랍니다. 그래서 영어를 '지식'으로 공부하느라 우리 아이들이 받는 불필요한 스트레스와 넘쳐나는 영어 교육 방법 중에서 어떤 걸 선택해야 할지 막막해 하는 부모의 스트레스 모두가 줄어든다면 좋겠습니다. 조금 더 욕심을 낸다면 엄마 아빠의 노력으로 아이의 영어가 발달하고, 영어를 발판 삼아 성장하는 아이를 지켜보는 기쁨을 여러분도 경험하시기를 바랍니다.

2023년 6월
만두 아빠

차례

프롤로그 4

1부 모든 것의 시작

결혼 10년 만의 선물 16
늦둥이 아빠의 고민 20
왜 영어를 10년 넘게 공부하고도 입을 못 뗄까? 24
국제결혼한 가정에서 두 개 언어를 쓸 때 일어나는 일 29
우리말처럼 영어를 모국어로 배우게 할 수 있을까? 33

2부 영어는 '공부'하는 게 아니다 _언어 습득의 원리

한국어와 영어를 동시에 배워도 될까? **40**
아이의 두뇌 발달 과정 **44**
아이가 언어를 배우는 순서 ① 듣기-말하기 **48**
아이가 언어를 배우는 순서 ② 읽기-쓰기 **53**
아이의 언어 발달은 이미지를 연결하는 과정 **58**
영어 그림책을 읽어 줘야 하는 이유 **63**
부모의 영어 발음이 걱정된다면 **68**
쿠슐라에게 일어난 기적 **71**

3부 아이의 영어 환경을 위한 첫 단추 _영유아기(1~3세)

Old McDonald Had a Farm **76**
책은 반드시 아이를 품에 안고 읽어 준다 **80**
소리 내어 읽어 봐야 진가를 아는 '보드 북' **84**
Dora야, 고마워! **88**
캐릭터 영어 그림책은 이렇게 활용했습니다 **93**
중요한 건 개별 단어가 아니라 이야기의 흐름 **98**

저도 아이에게 영어 영상물을 보여 주긴 했습니다만 102
"Water please, mommy's water!" 107

4부 아이의 영어 기초 다지기 _어린이집 시기(4~5세)

만두 엄마가 처음부터 영어 그림책을 읽어 준 건 아닙니다 114
'항아리 이론'을 아시나요? 118
영어 그림책을 읽어 주는 6가지 원칙 122
"딸, 그런 단어의 뜻은 어떻게 알아?" 128
리더스 북은 이렇게 활용했습니다 133
각양각색 영어책의 종류 138
부럽다, 영국의 독서 문화! 144
만두의 영어책 목록을 공개하지 않는 이유 149

5부 영어에 흥미를 붙게 하는 이야기의 힘 _유치원~초등 1년

"아빠는 왜 내가 영어를 하게 했어?" **154**
만두는 이렇게 뗐습니다 _한글 **159**
만두는 이렇게 뗐습니다 _알파벳 **162**
『Harry Potter』는 들었고, 『해리 포터』는 읽었습니다 **166**
영어 환경의 부작용? **170**
"난 엄마가 쓰는 스마트폰이면 돼" **174**
만두네 불문율 제1호_책 읽기 방해 금지! **178**

6부 듣기를 기반으로 더 풍성해지는 영어 실력 _초등 2~4년

영어책을 더 읽어 줬는데, 한국어를 더 잘하네? **184**
만두네 불문율 제2호 _차 안에서 오디오북 듣기! **188**
영어 말하기 연습 _화상 영어를 활용하다 **194**
그래서 만두의 영어 실력이 어느 정도냐고요? **199**
만두네 불문율 제3호_뭐든 해 봐, 재미없으면 언제든 그만두고! **205**
아빠가 바라는 만두의 미래 **209**

7부 **이런 건 정말 생각해 봐야 합니다**

영혼 없는 책 읽기, 초독서증 216

기억합시다, '옆동우서' 222

스티브 잡스는 왜 자녀의 전자 기기 사용을 금지했을까? 226

아빠들이 그리는 큰 그림 230

네 뒤에는 항상 아빠가 있을 거야! 233

8부 **만두 아빠의 영어 컨설팅**

4개월 윤아 양 사례 238

5세 민영 양 사례 244

초등 1년 쌍둥이 형제 사례 251

초등 6년 다경 양 사례 257

에필로그 262

추천사 267

1부

모든 것의 시작

> **결혼 10년 만의
> 선물**

저는 '만아영'이라는 블로그(blog.naver.com/ccyccy)를 3년째 운영하고 있습니다. 그동안 저를 딸 바보라고 부르는 블로그 이웃들이 많았는데요, 딸아이의 육아와 교육을 고민할 뿐만 아니라 성장 과정을 블로그에 기록하는 아빠는 흔치 않아서 그런 것 같습니다.

그런데 말입니다. 저에게는 딸 바보가 될 수밖에 없던 사연이 있습니다. 자녀의 영어 교육에 도움이 될까 싶어 이 책을 읽고 계실테니, "아니 그걸 지금 왜?" 하실지도 모르겠습니다. 하지만 지난 10여 년 동안 아이를 위해 흔들림 없는 영어 환경을 유지하였고 딸의 미래를 차곡차곡 준비해 온 만두 아빠의 진심을 이해하고 공감하는 데 조금이나마 도움이 되지 않을까 생각합니다.

저희 부부는 결혼 후 10년간 아이 없이 지내야 했습니다. 난임(難姙)이었거든요. 열 몇 번째 난임 시술도 실패했을 때 저는 "이제 아이는 잊고 우리끼리 잘 살자"고 조심스레 말을 꺼냈습니다. 난임 시술로 힘들어하는 아내를 지켜보는 일도 쉽지 않았기 때문입니다. 아내도 마지막으로 한 번만 더 시도해 보고 그것도 실패하면 깨끗이 포기하겠다고 하더군요.

봄날의 햇살이 가득한 3월의 어느 일요일. 아내가 훌쩍이며 저에게 뭔가를 내밀었습니다. 빨간색 두 줄이 선명한 임신 테스트기였습니다. 난생처음 보는 빨간색 두 줄이 무슨 뜻인지 몰라 눈물을 글썽이는 아내만 쳐다보고 있었던 기억이 새롭습니다.

그 후 며칠 동안은 아빠가 된다는 생각에 그저 기쁘고 설레기만 했습니다. 그러다 문득 앞으로 태어날 아기와의 나이 차가 확 다가오더군요. 무려 41년. 아기가 자라서 어린이집과 유치원에 다니고, 초등학교, 중학교, 고등학교를 차례대로 졸업하는 데 대략 20년이 걸린다면, 20년 후 61세가 되는 아빠는 이미 퇴직했을 가능성이 크다는 뜻이었습니다.

성인이 되어 사회에 첫발을 내딛는 아이에게 아빠의 경제적 지원이 필요할지도 모르는데, 외벌이 아빠의 퇴직으로 문제가 되는 것은 아닐지……. 특히 '엄마든 아빠든, 아니면 두 사람 모두 죽고 아이 혼자 세상에 나서는 시기가 예기치 못하게 빨리 오면 어떡하지?' 하는 걱정이 엄습하더군요. 지금이야 60세면 얼마든지 경제 활동을 이어갈 수 있고 제2의 인생도 시작할 만큼 건강하다고 생각합니다만, 당시 40대 초반 예비 아빠에게는 41년이라는 나이 차가 상당히 큰 부담이었습니다.

결과적으로 이런 저의 걱정은, 딸아이가 혼자 힘으로 세상을 헤쳐 나갈 수 있게 해야겠다는 다소 비장한 마음으로 육아와 교육의 방향을 고민하는 계기가 되었습니다. 아이의 20년을 잘 설계하고 실행에 옮기면 아이가 스스로 자기 앞가림을 하는 데 부족하진 않을 것 같았습니다.

20년 후 어떤 세상이 펼쳐지더라도 아이가 잘 적응할 수 있게 준비하자!

그러려면 아이에게 무엇이 필요한지 고민하고 실행하자!

올해 초등 5학년이 된 딸아이 만두는 늦깎이 아빠의 오래전 걱정을 잠재우며 현명하게 잘 크고 있습니다. 지금 읽고 계신 이 책은, 지난 10여 년 동안 아빠의 걱정을 하나씩 해소하는 만두의 성장 기록이면서 10년 만에 받게 된 선물이 온전한 인격체로 잘 성장하도록 고군분투하고 있는 아빠의 성장 기록이기도 합니다.

만두 부녀가 각각 성장하는 이야기를 재미있게 읽어 주시면 좋겠습니다!

> 늦둥이 아빠의
> 고민

　망아지는 태어나 한 시간만 지나면 혼자 힘으로 서고 걷는다고 합니다. 하루가 지나면 뛰기 시작하고요. 그런데 인간은 영아기와 유아기, 학령기와 청소년기를 거쳐 부모한테서 독립하는 데 20년은 족히 걸리죠. 다른 동물에 비해 인간의 성장 과정은 왜 이리 길고 복잡할까요? 제가 그 이유를 이론적으로 설명하지는 못합니다만, 한 가지는 분명하게 말씀드릴 수 있습니다. 엄마 아빠의 고민, 그리고 엄마 아빠가 만드는 환경에 따라 20년은 아이의 미래를 확연히 다르게 만들 만큼 긴 시간이라는 겁니다.

　누구든지 엄마 아빠라는 역할은 처음 경험하는 것이어서

육아와 교육에서 시행착오를 피하기는 어려운 것 같습니다. 엄마와 아빠가 젊다면 만회할 시간이라도 있지만, 나이 많은 엄마 아빠는 아이와 함께하는 시간 자체가 상대적으로 짧다는 생각이 들더군요. 이런 생각은 아이를 키우는 동안 겪지 않아도 되는 시행착오는 피해야 한다는 생각으로 이어졌고, 미리 고민하고 준비하면 정말 그럴 수 있을 것 같았습니다.

어디서부터 무엇을 어떻게 시작해야 할지 막막했지만, 일단 제가 살아오면서 아쉬웠던 것부터 살펴보았습니다. 제일 먼저 떠오른 건 대학 입시였습니다. 대학에서 정치외교학을 전공했습니다만, 그전까지 대학에 왜 진학하려고 했는지 진지하게 생각해 본 적은 없던 것 같습니다. 1학년을 마치면 2학년으로 올라가고 중학교를 졸업하면 고등학교에 진학하는 것처럼, 때가 되면 당연히 대학에 가야 하는 줄로만 알았습니다. 대학만 가면 여러 기회가 기다리고 있을 것 같았고요. 아무튼 학창 시절 내내 외우고 문제 푸는 과정을 반복하다 보니 대학에는 입학했지만, 대학 생활은 제가 기대했던 것과는 사뭇 달랐습니다. 뭔가 길이 보이기보다는 오히려 방향을 잃은 것 같습니다.

수십 년 전 경험이지만, 요즘 대학생들도 과거 저와 비슷한 경험을 하고 있는 건 아닐까요? 우리나라 교육에서 대학 입시는 여전히 큰 비중을 차지하고 있으니까요. 우리나라의 교육 방식이나 대학에 관한 사회적 인식이 가까운 미래에 근본적으로 변하지는 않을 것 같고, 그렇다고 딸아이를 학교에 보내지 않을 수도 없고…….

우리 아이들이 살아갈 세상은 인공 지능의 등장으로 인류가 그동안 경험해 보지 못한 전혀 다른 모습이 될 거라고 합니다. 엄마 아빠의 오래전 경험으로 아이가 살아갈 미래를 예단하는 건 한계가 있다는 뜻이지요. 그렇다면 세상이 어떻게 바뀌든 딸아이가 기본적으로 갖춰야 할 소양과 능력을 찾아 계발하는 데 집중하는 게 필요하다고 생각했습니다. 예를 들면 이런 것들.

자존감과 자신감
세상을 바라보는 아이만의 가치관
사람들과 교류하고 남을 배려하는 마음
사회 구성원으로서 갖춰야 할 기본 교양과 지식
책 읽기와 사색하기

이런 소양과 능력은 유명한 학원에 다니거나 값비싼 과외를 받는다고, 혹은 좋은 대학에 들어간다고 어느 순간 갑자기 생기는 건 아니죠. 물론 대학 입시의 기본 속성인 경쟁과 반복을 강요하는 교육 방식에만 의존해서는 더더욱 어렵겠죠. 결국 엄마 아빠가 만드는 환경 속에서 20년 동안 아이의 내면에 쌓이게 해야 한다고 생각하였습니다.

한편 이런 소양과 능력을 쌓으려면 그 전에 먼저 넘어야 할 산이 있더군요. 바로 언어 능력입니다. 초등학교 입학 전까지는 다른 어떤 것보다도 아이의 언어 능력을, 이왕이면 우리말뿐만 아니라 영어 능력도 발달시켜야겠다고 마음먹게 되었습니다. 그리고 아이가 태어나 언어를 배우는 과정에 관심을 가지게 되었습니다. 이렇게 만두의 한국어-영어 이중 언어 환경은 만두가 태어나기 전부터 조금씩 준비되고 있었습니다.

> 왜 영어를 10년 넘게 공부하고도
> 입을 못 뗄까?

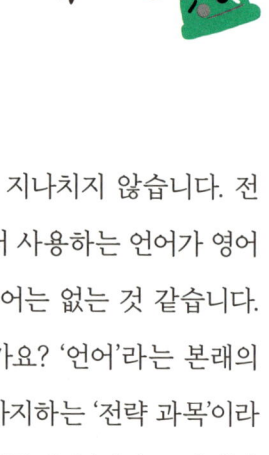

    영어의 중요성은 아무리 강조해도 지나치지 않습니다. 전 세계 사람들이 의사소통할 때 제일 먼저 사용하는 언어가 영어인 것만 봐도 영어를 대체할 만한 세계어는 없는 것 같습니다. 그런데 우리나라의 영어 교육은 어떤가요? '언어'라는 본래의 의미보다는 대학 입시에서 큰 비중을 차지하는 '전략 과목'이라는 의미가 훨씬 큽니다. 그리고 어린아이들에게 '엄마표 영어'라는 이름으로, 혹은 '놀이'라는 이름으로 일찍부터 영어를 '언어'가 아닌 '지식'으로 가르치려는 부모가 늘어나는 것 같아 안타깝습니다. 처음엔 아이의 영어를 '언어'로 잘 접근하다가도 어느샌가 입시를 위한 '지식'으로 영어를 고민하는 부모도 많아지고 있는 것 같습니다.

저는 중학교에 입학하면서 비로소 영어 공부를 시작했습니다. 사선 공책에 알파벳을 쓰면서 외웠고, 교과서에서 새롭게 배우는 발음(지금 생각해 보면 파닉스였습니다)과 문법 사항을 공부했었죠. 고1 여름 방학 무렵에는 그 당시 영어 공부의 바이블로 통하던 『성문종합영어』를 몇 번씩 통독하였고, 따로 들고 다니던 어휘 책 몇 권은 통째로 외우기도 했습니다. 단어 외우고, 문법 공부하고, 지문 해석하고, 문제 푸는 이런 식의 영어 공부가 그 당시엔 너무나 당연했습니다.

그러다 보니 영어 시험에서 100점을 받는 건 어려운 일이 아니었고, 대학생 때도 TOEIC 900점 정도는 언제든 쉽게 넘겼던 것 같습니다. 그러나, 거기까지였습니다. 그렇게 시간과 노력을 쏟아 공부했건만 제 영어에는 한계가 분명했습니다. 어쩌다 업무상 외국인을 만나면 일단 '무슨 말을 해야 하지?', '못 알아듣고 버벅거리면 어떡하지?' 같은 걱정이 앞섭니다. 저에게 영어는 의사소통을 위한 언어가 아니라, 시험을 잘 보기 위한 지식이었던 겁니다.

만두 아빠가 영어를 잘하니까 만두도 영어를 잘한다고 생각하실지 모르겠습니다. 만두 아빠의 영어 실력을 엄밀히 평가하자면, 영어를 '잘한다'기보다는 학창 시절에 영어 공부를 많이 했기 때문에 영어를 '잘 안다'고 하는 게 적절합니다. 만두 엄마도 영어 그림책을 소리 내어 읽어 주는 정도일 뿐, 영어를 잘한다고 할 수는 없습니다.

무인도에 갇혀 혼자 지내는 상황을 상상해 보았습니다. 시간이 흘러 문명 세계로 돌아오더라도 다시 우리말을 듣고 말하는 것은 어렵지 않을 것입니다. 그런데 영어는 까맣게 잊어버리지 않을까요? 어렸을 적부터 24시간 한국어 환경에서 지내며 '습득'한 우리말은 두뇌의 장기 기억 장치에 저장되었지만, 한국어를 이용하여 '학습'한 영어는 단기 기억 장치에 저장되었기 때문입니다. '학습'의 다른 말은 '공부'입니다. 어떤 대상을 분석하고 이해하고 암기하여 지식으로 받아들이는 행위를 '공부'라고 한다면, 이렇게 얻은 지식은 시간이 지나면서 점차 잊어버릴 가능성이 커지죠. 여러분도 비슷한 경험이 있지 않나요?

무인도에서 지내던 아이가 문명 세계로 돌아오더라도 우리말뿐만 아니라 영어도 잊지 않게 하고 싶었습니다. 우리말처럼 영어도 '습득'하기를 바란 것이죠. 하지만 제 형편상 영어권 국가로 이민 가거나 아이를 영어 연수 보낼 수 있는 것도 아니고……. 토종 한국인 엄마 아빠 사이에서 태어나 한국에서 살아갈 아이가 우리말처럼 영어를 습득하는 방법을 찾고 싶었습니다. 앞으로 태어날 아기에게 영어는 시험에서 좋은 성적을 받고 잊어버리는 '지식'이 아니라 세계인과 소통하는 진정한 '언어'가 되기를 바랐습니다.

앞으로 책 전반에 걸쳐 강조하겠습니다만, 생후 15개월 무렵부터 초등학교 1학년 무렵까지 5~6년 동안 만두는 엄마 아빠가 영어 그림책을 소리 내어 읽어 주는 영어 환경 속에서 지내 왔습니다. 그 덕분에 우리말 배우듯 영어를 배울 수 있었던 것이고요.

애니메이션이나 영화 같은 영어 영상물이 아니라 영어 그림책이라니, 수긍하기 어려우신가요? 아이의 영어 능력과 영어 그림책 사이에 어떤 관계가 있을지, 저 역시 처음엔 반신반의했습니다. 하지만 딸아이의 영어 능력에 작은 변화라도 감지되면 그 이유를 알아내기 위해 노력하면서, 엄마 아빠가 영어 그림책을 소리 내어 읽어 주는 것이야말로 아이의 영어 실력을 부작용 없이 키우는 가장 확실한 환경이라는 결론을 내리게 되었습니다.

여러분이 이 책에서 얻고 싶어 하는 게 무엇인지 압니다. '아이의 영어를 위해 이것과 저것, 그리고 그것도 해 보세요'처럼 지금 당장 따라 할 수 있는 구체적인 방법을 기대하실 테죠. 하지만 단편적인 정보만으로는 아이의 영어라는 장거리 경수를 완주하는 데 어려움이 있습니다. 이미 다른 엄마표 영어책들에서 경험하셨을 것 같습니다만……

만두를 통해 임상 실험까지 끝낸 영어 환경 노하우를 하나씩 소개하겠습니다. 조바심 나더라도 긴 호흡으로 따라와 주시기를 바랍니다.

> **국제결혼한 가정에서
> 두 개 언어를 쓸 때 일어나는 일**

만두의 영어 환경을 만드는 데 큰 도움이 된 중요한 경험이 있습니다. 만두가 태어나기 몇 해 전, 서울 시내 모 대학에서 한국인 대학생들에게 영어를 가르치는 뉴질랜드인 교수와 그분의 다섯 살 난 아이를 만난 것이었죠. 한국인 엄마와 뉴질랜드인 아빠 사이에서 태어난 아이는 주변 한국인들과는 한국어로, 아빠와는 영어로 대화하더군요. 아무렇지도 않게요.

나중에 뉴질랜드인 아빠가 들려준 그 아이의 언어 환경은 다음 두 가지로 요약할 수 있었습니다.

첫째, 영어와 한국어를 모두 잘하는 엄마와 영어만 하는 아빠

사이에서 태어난 아이는 오전 내내 어린이집에서 지내고 오후엔 엄마와 함께 있거나 외갓집에 간다. 아이는 아빠의 귀가 후 저녁 시간과 주말에만 영어 환경에 놓이게 된다.

둘째, 아이에게는 한국어 그림책뿐만 아니라 영어 그림책을 꾸준히 읽어 주고 있다. 엄마 아빠가 그림책을 소리 내어 읽어 주는 건 아이의 언어 발달에 중요하다. 엄마 아빠가 읽어 주는 그림책 속 이야기를 들으며 아이는 언어의 기본 구조를 무의식중에 이해하게 되고 어휘와 표현을 확장하기 때문이다.

어릴 때 여러 개의 언어에 노출된 아이는 혼란을 겪을 수 있다는 우려가 있습니다. 하지만, 뉴질랜드인 교수의 아이를 보면서 전혀 그렇지 않다는 것을 알 수 있었습니다. 오히려 서로 다른 언어를 구사하는 엄마와 아빠가 아이에게 각자의 언어 환경을 만들어 주는 것이야말로 가장 이상적인 이중 언어 환경이라는 것을 보여 주었습니다.

그런데 한국인 엄마 아빠니까 한국어 환경은 어렵지 않게 만들더라도 영어 울렁증이 있는 엄마 아빠는 한국에서 영어 환경을 어떻게 만들어야 할지 좀처럼 감이 잡히지 않았습니다. 이때 어린아이에게 엄마 아빠가 영어 그림책을 소리 내어 읽어 주는 게 중요하다는 뉴질랜드인 교수의 조언이 떠오른 겁니다.

'그래, 토종 한국인 엄마 아빠가 영어 환경 만든다고 아이에게 어설픈 콩글리시를 건넬 바에는, 차라리 영어 그림책을 소리 내어 읽어 주자. 다양한 영어 그림책을 반복해서 읽어 주면 언어 발달에 도움이 되지 않겠어? 어린아이에게 영상물을 보여 주는 것보다는 엄마 아빠가 책을 읽어 주는 게 여러모로 낫겠지!'

처음 시작할 땐 어떤 영어 그림책을 언제, 어떻게, 얼마나 읽어 줘야 할지 전혀 몰랐습니다. 영어 그림책만 읽어 주면 될지, 혹시 엄마 아빠의 어색한 영어 발음이 아이에게 안 좋은 영향을 끼치는 것은 아닐지 등등 궁금한 게 정말 많았습니다. 뒤에서 차근차근 설명하겠습니다만, 딸아이가 태어나고 5~6년은 위와 같은 의문에 스스로 답을 찾아가는 과정이었습니다.

여담입니다만, 언어 교육에는 EFL과 ESL이라는 용어가 있더군요. EFL(English as a Foreign Language)은 한국, 일본, 중국처럼 고유한 언어가 확고하게 통용되고 있어서 영어를 할 줄 몰라도 일상생활에서 어려움이 없는 환경을 말합니다. 이에 비해 ESL(English as a Second Language)은 필리핀이나 싱가포르처럼 사회적으로 영어가 통용되는 환경을 말합니다. ESL 환경에서는 영어를 못하면 어려움이 발생할 수 있죠.

오래전 만두가 어렸을 때, 해외 대학에서 언어 교육으로 학위를 받은 분한테 영어 그림책을 꾸준히 읽어 주는 영어 환경 속에서 지낸 딸아이가 영어를 곧잘 하는 것 같다고 말씀드린 적이 있습니다. 그런데 그분은 '전형적인 EFL인 한국에서는 영어를 한국어 수준으로 결코 배울 수 없다'라고 단언하더군요. 당시엔 실망이 컸는데요, 지금 다시 만나면 물어보고 싶습니다. 전형적인 EFL 환경인 한국에서, 아빠의 영어를 모국어로 배운 뉴질랜드인 교수의 딸이나 엄마 아빠가 소리 내어 읽어 준 영어 그림책 속 이야기를 들으며 한국어처럼 영어 능력을 키운 만두는 어떻게 설명할지 궁금하거든요.

이론은 이론일 뿐, 현실을 모두 설명할 수는 없는 것 같습니다. 하지만 아기가 태어나 모국어를 배우는 과정과 원리를 잘 이해하고 그 이해를 토대로 영어 환경을 만든다면, 그 속에서 지내는 아이는 한국에서도 영어를 모국어로 배울 수 있습니다. 만두가 그랬습니다.

> 우리말처럼 영어를 모국어로
> 배우게 할 수 있을까?

어떻게 하면 아이에게 영어 환경을 효과적으로 만들어 줄 수 있을까 고민하며 이런저런 자료와 책들을 찾아 읽던 시기가 있습니다. 엄마 아빠가 한국어 환경과 영어 환경을 동시에 만들면 아이는 두 언어를 동시에 잘하게 된다는 걸 미리 확인하고 싶었거든요. 그래서 당시 널리 알려진 엄마표 영어책들도 꼼꼼히 읽어 보았습니다.

아이 영어와 관련 있다 싶은 자료는 모두 담아 놓은 백과사전 같은 책도 있었고, 어린 자녀에게 매일 몇 시간씩 영어 영상물을 보여 줬다거나 오디오북을 들으며 영어책을 따라 읽게 했다는 책도 있었습니다. 지은이가 동시통역대학원 출신이거나 영어 교육 쪽에서 경력이 화려한 분이 많더군요. 미국에서 살던 아이들이 한국에 돌아와 영어 능력을 키우는 과정을 소개하는 책도 있었습니다.

이런 엄마표 영어책에는 몇 가지 공통점이 있었는데요, 아이가 영어를 잘하려면 그 전에 탄탄한 모국어 능력이 뒷받침되어야 한다고 강조하는 것이었습니다. 아마 초등학교 입학 전후 우리말이 자리를 잡은 상태에서 본격적인 영어 노출이 시작되어서 그런 것 같습니다. 영어 영상물 시청을 강조하고, 영어 그림책이나 애니메이션, 영화 등을 모아 놓은 추천 목록이 붙어 있는 것도 공통적인 특징이었습니다. '흘려듣기'나 '집중 듣기' 같이 아이에게 영어를 노출하는 방법이라든지 '파닉스'나 '사이트 워드(sight word-빈번하게 사용되는 영어 단어 목록)'처럼 영어를 학습하는 데 필요한 내용도 빠지지 않고 소개하고 있었고요.

그런데 이유나 원리를 설명하지 않고 '이렇게 하고 저렇게 하라'는 식으로 서술하는 경우가 많아서 막상 책을 덮으면 막막하더군요. 그 집 환경과 우리 집 환경이 다른데……. 더구나 만두는 아직 영유아일뿐이어서 도저히 따라 할 수 없겠더라고요.

한편 엄마표 영어책들을 읽을수록 저자들에게 물어보고 싶은 게 많아졌습니다. 책에서 소개한 방법들은 정말 다 시도해 봤는지, 그 방대한 추천 목록에서 몇 권이나 읽어 줬고, 애니메이션과 영화를 다 보여 줬다면 부작용은 없었는지 등등. 아이의 언어 발달에서 긍정적이든 부정적이든 어떤 변화가 있었을 텐데, 정작 그런 부분은 언급되지 않아 아쉬웠습니다.

'한국에서 태어난 아이가 한국어를 배우듯 영어를 배우는 건 불가능한 것일까?' 결과적으로 기존 엄마표 영어책들 중에서는 앞으로 태어날 우리 아기에게 적용할 만한 사례는 찾지 못했습니다. 제 스스로 그 해답을 찾아야만 했는데요, 결과를 요약하자면 다음과 같습니다.

영유아는 돌 무렵부터 혼자 힘으로 바닥에 앉게 됩니다. 척추가 발달하여 머리와 상체를 지탱하는 힘이 생기는 것이지요. 만두 엄마와 저는 15개월 무렵부터 딸아이를 품에 안고 영어 그림책과 한국어 그림책을 7:3 혹은 8:2의 비율로 소리 내어 읽어 주기만 했습니다. 5~6년 정도 꾸준히 그랬습니다. TV나 컴퓨터, 스마트폰, 세이펜 등 기계 장치에서 흘러나오는 시각적·청각적 자극은 극도로 경계하였고, 엄마 아빠가 읽어 주는 영어 그림책 속 이야기의 재미를 딸아이가 즐기고 있다는 것을 확신한 후에야 TV로만 영어 영상물을 보여 주기 시작했죠.

새로운 이야기는 아니죠? 영어든 우리말이든 어린아이에게 그림책을 읽어 주라는 조언은 이미 많으니까요. 하지만 어린아이에게 그림책을 소리 내어 읽어 주는 건 아이의 정서 발달에만 도움이 되는 게 아닙니다. 아이의 언어 발달 특히 한국에서 아이가 영어를 습득하는 데에도 매우 중요합니다. 뒤에서 계속 소개할 만두의 사례를 통해 만두 아빠가 강조하는 영어 그림책의 진가를 아시게 될 겁니다.

어린아이는 엄마 아빠가 만든 한국어 환경에서 엄마 아빠와 상호 작용하며 한국어를 언어로 받아들이게 됩니다. 한국어를 습득하기 위해 아이가 노력하지는 않죠. 미국에서 미국인 부모 사이에서 태어난 아이는 어떨까요? 아이가 알파벳을 외우고 단어를 암기할까요? 아니죠. 마찬가지로 엄마 아빠가 만드는 영어 환경 속에서 지낼 뿐입니다. 그 속에서 엄마 아빠와 상호 작용하며 영어를 체득하는 것입니다.

그런 영어 환경을 한국에 그대로 가져와 만든다면 우리 아이도 영어를 한국어처럼 습득하지 않을까요? 다만 토종 한국인 엄마 아빠가 만드는 영어 환경은 아이를 품에 안고 영어 그림책을 소리 내어 읽어 주는 게 다를 뿐입니다.

사실 어린아이를 품에 안고 영어 그림책을 소리 내어 읽어 주는 것은 생각만큼 쉬운 일은 아닙니다. 일단 체력 소모가 크죠. 엄마 아빠의 영어 발음이 걱정스럽기도 하고, 아이가 영어 그림책 속 이야기를 잘 따라오고 있는지 궁금하지만 확인할 방법도 없습니다. 어떤 영어책을 고르고 얼마나, 그리고 언제까지 읽어 줘야 할지 처음엔 감도 없습니다. 그러다 보니 축적의 시간이 있어야 비로소 나타나기 시작하는 영어 그림책의 효과를 기다리지 못한 채 제풀에 지치기 일쑤입니다.

진득하게 기다리기보다는 결국 '그림책을 소리 내어 읽어 주는 건 아닌가 보다' 하며 쉽고 편하고 즉각적인 방법을 찾아 블로그나 유튜브를 헤매기도 하고, 영어 학습지나 영어 유치원, 영어 영상물에 관심을 돌리게 되는 것 같습니다. 그렇지 않아도 바쁜 엄마 아빠가 자녀의 영어에 쏟는 관심과 시간을 줄일 수 있다면 큰 유혹이 아닐 수 없는데요, 어린아이에게 영어 영상물을 보여 주라는 유튜브나 인스타그램이라도 발견하면 면죄부를 얻은 양 부담감도 줄어들게 됩니다.

이런 유혹에 흔들리지 않고 아이의 영어라는 마라톤을 완주하려면 엄마와 아빠는 지도와 나침반을 잘 갖춰야 합니다. 그것은 아기가 태어나 모국어를 습득하는 원리와 과정을 이해하는 것입니다. 이렇게 이론적 무장을 하고 마라톤을 뛰다가 중간중간 영어 그림책을 읽어 준 효과가 하나둘 나타나기 시작하면 없던 힘도 솟아나며 뛰기를 멈출 수 없게 될 겁니다. 결국 우리말이든 영어든 언어를 배우는 수고와 노력은 아이가 하는 게 아니라 엄마와 아빠의 몫이어야 한다는 뜻입니다.

2부 영어는 '공부'하는 게 아니다

언어 습득의 원리

> 한국어와 영어를
> 동시에 배워도 될까?

'아이의 영어는 언제부터 시작해야 하나요?'라는 질문을 가끔 받습니다. 이 질문에는 한 가지 걱정이 깔려 있습니다. 우리말을 제대로 습득하지 못한 영유아가 영어라는 새로운 언어에 노출되면 자칫 우리말과 영어 모두 혼란을 겪지는 않겠냐는 것이죠.

이런 걱정은 언어를 배우는 방법인 '습득(acquisition)'과 '학습(learning)'의 개념과 차이를 이해하면 해소할 수 있습니다. 어린 아이의 언어 발달에서 '습득'은 오랜 시간 그 언어가 사용되는 환경에서 지내면서 몸으로 익히는 것을 말합니다. 아기가 태어나 그 공동체가 사용하는 언어, 특히 엄마 아빠의 언어에 오랜 시간 노출되면 그 언어로 듣는 것과 말하는 게 가능해지죠. 언어를 배우려고 일부러 노력하지 않아도 그 언어의 문법과 어휘를 자연스럽게 받아들이는 것입니다. 그래서 모국어는 '학습'보다는 '습득'이라는 표현과 어울립니다.

그런데 어린아이의 이런 언어 습득이 언제까지나 가능한 건 아닙니다. 아이마다 차이가 있지만, 보통 10세 전후까지는 그 언어 환경 속에서 지내는 것만으로도 가능하다고 합니다. 어렸을 적에 외국에서 살다 와서 영어를 잘하는 사람이 있죠? 어렸을 적에 습득한 영어 능력이 성인이 되어서도 남아 있는 것입니다. 이에 반해 '학습'은 이미 습득한 모국어를 바탕으로 의식적인 노력을 기울여 모국어 외에 다른 언어를 배우는 것입니다. 여기서 의식적인 노력은 공부하는 것을 말합니다. 이해하고 암기하고 시험 보는……. 그래서 보통 외국어는 '습득'보다는 '학습(공부)'한다고 해야 자연스럽습니다.

두 개 이상의 언어가 동시에 사용되는 환경 속에서 지내면 어린아이의 두뇌는 각각의 언어들을 습득하는 능력이 있습니다. 서로 다른 언어를 사용하는 국가들이 지리적으로 인접한 환경 덕분에 유럽 사람들은 어렸을 적부터 여러 언어에 노출되기 쉽죠. 여러 언어를 공용어로 사용하는 나라들도 많고요. 그래서 두 개 이상의 언어를 능숙하게 구사하는 유럽 사람을 만나는 건 어렵지 않습니다.

국제결혼한 부모 사이에서 태어난 아이가 부모의 언어를 각각 혼란 없이 받아들이는 것도 좋은 예입니다. 이 경우 아이가 엄마의 언어는 '습득'하면서 아빠의 언어를 '학습'하지는 않죠. 두 언어를 모두 습득하기 때문에 별다른 혼란 없이 두 언어를 모두 모국어로 받아들이는 겁니다.

단, 어린아이가 두 개 이상의 언어에 동시에 노출되면 아무래도 같은 사물이나 현상을 언어적으로 표현하거나 이해하는 데 시간이 걸릴 순 있습니다. 하지만 이런 현상은 일시적이고, 모국어를 습득하는 순서인 듣기-말하기-읽기-쓰기 순서대로 두 언어를 동시에 접하기만 하면 시간이 지날수록 어린아이의 두뇌는 동시에 노출된 여러 언어를 정리하게 됩니다.

문제는 영유아 혹은 어린아이가 한 언어는 습득하고 다른 언어는 학습할 때 발생합니다. 한국에서 태어난 아이는 부모의 언어이자 공동체의 언어인 한국어를 모국어로 습득할 수밖에 없습니다. 그런데 같은 시기에 전혀 다른 언어인 영어를 학습하게 된다면, 아이의 언어 발달에는 문제가 발생할 수 있습니다.

한국어 능력이 충분히 발달해야 영어를 이해할 수 있다는 생각은, 영어는 한국어 능력을 바탕으로 공부해야 한다고 생각하기 때문에 발생하는 오해입니다. 영어를 '공부'했던 부모의 과거 경험이 별다른 고민 없이 어린아이도 영어를 '공부'하게 만드는 것입니다.

　실제로 주변을 살펴보면 우리말도 서툰 어린아이에게 영어를 학습시키는 경우를 보게 됩니다. 교육용 애니메이션을 보여 주는 것이고 여러 교구를 이용한 놀이라고는 하지만, 가만히 내용을 들여다보면 어린아이의 이해와 암기가 필요한 학습인 경우가 대부분입니다. 어린아이는 아무것도 모릅니다. 그저 엄마 아빠가 만들어 주는 언어 환경 속에서 지낼 뿐입니다. 어린아이의 언어 능력에 선천적인 장애가 있는 게 아니라면, 우리 아이의 언어 발달은 전적으로 부모의 이해와 노력에 좌우됩니다. 엄마 아빠가 먼저 우리 아이의 언어 발달에서 습득과 학습의 개념을 잘 구분할 수 있어야 한다고 말씀드리는 이유입니다.

　엄마 아빠가 아이의 언어 발달 과정을 잘 이해하고 그대로 모방하여 영어를 습득하는 환경을 유지한다면, 한국에서 한국인 부모 사이에 태어난 아이가 한국어와 영어를 동시에 습득하는 데 전혀 문제가 없습니다.

> **아이의
> 두뇌 발달 과정**

　가끔 어렸을 적 사진과 동영상을 딸아이에게 보여 주며 당시 상황을 설명해 주곤 합니다. 만두의 동영상이나 사진은 출생 직후부터 최근 것까지 모두 외장 하드에 날짜별 폴더로 저장하고 있거든요.

　돌 전에 찍은 동영상을 보면 사진인 듯 움직임이 거의 없습니다. 그러나 돌 무렵이 되면 움직임이 활발해지는 게 보이는데, 당시 우리 부부는 '갑자기'라는 부사를 자주 사용했던 것 같습니다.

　"여보, 봤어? 만두가 날 보며 갑자기 웃었어!"

"여보, 만두가 갑자기 뒤집기를 했어!"

"갑자기 만두가 뭐라고 말한 것 같은데, 들었어?"

"여보, 만두가 갑자기 일어나 몇 걸음 내딛는 거 봤어?"

"여보, 만두가 갑자기……."

그런데 아기의 움직임은 시간이 지났다고 갑자기 혹은 저절로 나타나는 게 아닙니다. 아기의 두뇌는 엄마 배 속에서부터 발달하고 있었고, 그 결과가 하나둘 신체의 움직임으로 나타나는 것이죠.

인간의 두뇌는 '변연계'와 변연계를 얇게 둘러싸고 있는 '대뇌 피질'로 구분할 수 있습니다. '변연계'는 심장 박동과 호흡 같은 기본적인 신체 활동, 기쁨·슬픔·공포·분노 등과 같은 감정, 공간 지각과 단기 기억 등 생명 유지와 생존에 꼭 필요한 동물적인 본능을 담당합니다. 아기는 변연계만 발달한 상태로 태어나기 때문에 본능에 따라 움직이는 동물처럼 자기의 뜻을 우는 것으로 표현하죠.

'대뇌 피질'은 이성적 사고, 창의적 사고, 언어 능력, 운동 능력 등 동물의 본능과 구별되는 인간만의 고유한 사고 능력을 담당합니다. 아기가 뒤집기를 시도하고 기고 일어서고 걷고 말하는 등 행동의 폭을 조금씩 넓혀 가는 것은 대뇌 피질이 잘 발달하고 있다는 증거인 셈입니다. 대뇌 피질은 부위별 명칭과 기능이 다양하지만, 아이의 두뇌 발달에 관해서는 '전두엽', '후두엽', '측두엽' 정도만 기억하면 됩니다. 두뇌를 위에서 내려다봤을 때 이마 쪽이 전두엽, 뒤통수 쪽이 후두엽, 양쪽 관자놀이 부근이 측두엽입니다.

'전두엽'은 이성, 창의성, 논리, 추측, 공감, 사회성 등 인간의 기본적인 사고 능력과 감각 기관을 통해 수집된 정보를 분석-판단-결정하는 인간의 종합적인 사고 능력을 담당합니다. 가끔 뉴스에 나오는 '짐승만도 못한' 범죄자의 전두엽은 정상적으로 발달하지 못했거나 작동하지 않았다고 생각하면 됩니다. '후두엽'과 '측두엽'은 각각 눈으로 얻은 시각 정보와 귀로 얻은 소리 정보를 전두엽으로 전달합니다. 전두엽이 분석-판단-결정하도록 정보를 제공하는 센서입니다.

'대뇌 피질'은 '좌뇌'와 '우뇌'로도 구분할 수 있는데요. 좌뇌는 언어, 우뇌는 감정을 담당한다고 이해하면 됩니다. 그런데 인간이 다른 사람과 소통할 때 언어를 담당하는 좌뇌만 사용하는 건 아닙니다. 인간의 소통에는 언어 외에도 감정, 정서, 공감, 교감 등이 필요하므로 좌뇌와 우뇌가 골고루 활성화됩니다.

좌뇌와 우뇌는 각각 발달하는 시기가 다르다는 것에도 주목해야 합니다. 감정을 담당하는 우뇌는 태어나면서부터 발달하다가 7세 전후부터는 퇴보하기 시작합니다. 언어 능력을 담당하는 좌뇌는 3세 무렵부터 서서히 발달하다가 7세 전후부터 급격하게 발달한다고 합니다. 7세 전후는 초등학교에 입학하는 시기입니다. 우뇌 활동이 활발한 초등학교 입학 전까지는 엄마 아빠와 친밀한 유대 관계를 형성하고, 좌뇌가 본격적으로 발달하는 초등학교 입학 무렵부터는 한글이나 알파벳 같은 문자를 배우고 읽기와 쓰기를 시작하는 게 자연스럽다는 뜻입니다. 이 시기에 문자를 배우려면 그전까지는 듣기-말하기 능력을 발달시키는 게 좋겠지요.

변연계만 발달한 채 태어난 아기의 두뇌는 빠른 속도로 대뇌 피질이 발달하게 되고, 3세 무렵이면 성인의 두뇌와 엇비슷해진다고 합니다. 3세 무렵까지 영유아의 두뇌를 자극하는 가장 좋은 방법은 엄마와 아빠가 아이에게 말을 건네는 것입니다. 엄마와 아빠가 아기와 눈을 맞추며 말을 건네는 것은 정서 발달에서 중요한 역할을 하고, 엄마와 아빠가 한국어로 말을 건네며 표정, 말투, 억양 등의 미세한 차이를 보이면 아기는 한국어를 모국어로 습득하는 대장정을 시작하는 것이죠. 영어도 마찬가지고요.

> **아이가 언어를 배우는 순서**
> ① 듣기-말하기

 '아니, 아이의 영어에 관해 설명한다면서 뭐가 이렇게 복잡해?' 하고 생각하실지도 모르겠습니다.
 심장이 뛰고 숨을 쉬는 건 너무나 자연스럽고 당연한 일입니다. 그래서 평소 그 의미를 깊이 있게 생각하지는 않는데요, 그런 것 중에는 언어도 있다고 생각합니다. 너무나 당연한 것을 따로 떼어 내어 생각하고 이해하려니 낯설고 힘드시죠? 너무나 당연한 것을 관련 분야 전문가도 아닌 제가 설명하려니, 그것도 글로 설명하려니, 이 또한 고역이 아닐 수 없습니다. 하지만 엄마 아빠로서 우리 아이의 언어 발달을 위해 한번은 생각해 봐야 할 내용입니다. 조금만 더 힘을 내어 주시면 좋겠습니다.

① 듣기-말하기와 ② 읽기-쓰기로 나눠 살펴볼 텐데요, 모국어와 외국어를 배울 때 발생하는 차이를 이해하는 데에도 도움이 될 것입니다.

듣기

아기는 엄마 아빠의 한국어를 소리로 들으며 한국어를 배우기 시작합니다. 태어나자마자 아기는 잠자는 시간 빼고는 계속 한국어를 들으며 한국어의 기본 구조를 익히고, 어휘와 표현을 늘려가게 되는데요, 이런 충분한 듣기는 곧이어 살펴볼 말하기, 읽기, 쓰기의 중요한 근간이 됩니다.

아기는 청각을 비롯한 여러 감각 기관이 미숙한 상태로 태어나지만, 두뇌가 발달하면서 점차 제 기능을 찾아갑니다. 청각 기관과 측두엽이 발달하면서 점차 '주변의 소음'과 '언어로서의 소리'를 구분할 수 있게 되는데요, 언어로서의 소리라는 건 사실 대단한 건 아닙니다. 평소 엄마 아빠, 그리고 주변 사람들이 건네는 다양한 한국어입니다.

"날씨가 좋네. 유모차 타고 엄마랑 공원에 다녀올까?"
"엄마가 기저귀 갈아 줄게, 기다려."
"아가야, 배고프지? 조금만 기다리면 엄마가 맘마 줄게."

"엄마가 지지라고 했지! 그건 지지야, 지지."
"엄마가 이번엔 어떤 책을 읽어 줄까?"
"왜 칭얼대는지 모르니 엄마는 속상하네."
"방긋 웃는 걸 보니 오늘은 기분이 좋구나? 엄마도 기분이 좋은 걸!"
"오늘은 엄마가 아주 바쁜데, 아빠가 일찍 와 주면 좋겠다."
"아가야, 엄마는 네가 건강하고 씩씩하게 자라길 바란단다!"

엄마가 건네는 위와 같은 말을 영유아가 단번에 알아듣는 건 아닙니다. 하지만 엄마의 음성으로 반복하여 듣게 되면, 아기는 특정 상황에서 특정 단어나 표현, 문장 등이 더 자주 들린다는 걸 알게 됩니다. 말하는 사람의 기분에 따라 억양이나 소리의 크기가 미묘하게 바뀌는 것도 감지해 내고요.

그런데 말입니다.

듣기가 중요하다고 엄마 아빠가 각각 '엄마'라는 소리를 녹음하여 아기에게 들려주기를 반복하면 어떻게 될까요? 아이는 엄마라는 소리에 익숙해지고 입 밖으로 소리를 낼 수는 있을 것입니다. 하지만, 엄마라는 소리가 무엇을 뜻하는지는 절대 모를 겁니다. 귀로 들은 엄마라는 소리 정보를 다른 감각 기관(시각, 촉각, 미각, 후각 등)을 통해 얻은 정보와 결합할 기회가 전혀 없었으니까요. 어린아이가 엄마 아빠의 언어를 듣고 말하기 위해서는 엄마 아빠를 비롯한 주변 어른들과의 상호 작용이 필수라는 것을 알 수 있습니다.

따라서 엄마 아빠가 어린아이에게 다양하고 풍부한 표현의 말을 건넨다면, 그만큼 아이의 언어 발달에 긍정적인 영향을 미친다는 건 쉽게 유추할 수 있습니다. 만약 엄마 아빠가 아이에게 들려줄 이야기가 충분하지 않다면 아이에게 책 속 이야기를 소리 내어 읽어만 줘도 같은 효과를 누릴 수 있습니다. 한국어든 영어든.

말하기

듣기가 충분하면 어린아이의 말하기는 저절로 따라옵니다. 엄마 아빠의 한국어를 소리로 충분하게 들은 어린아이는 들은 대로 흉내 내어 말하는 선천적인 능력이 있기 때문입니다.

딸아이가 24개월쯤이었을 때, 거실 벽에 과일 사진과 과일 이름이 한글과 영어로 써진 커다란 인쇄물을 붙여 놓았습니다. 아이를 안고 과일 사진을 하나씩 짚어가며 수박, 포도, 딸기, '애플', 배, 귤…… 하며 반복하여 읽어 주곤 했었죠. 네, 그렇습니다! 사과는 일부러 애플이라고 읽어 줬습니다. 어느 날 딸아이가 인쇄물 앞에서 과일 사진을 짚어가며 과일 이름을 혼자서 말하고 있는 걸 보았는데요, 사과 사진을 가리키며 '애플'이라고 소리 내더군요. 당연한 말이지만 딸아이는 아빠가 소리로 들려준 대로 애플이라는 소리 정보를 사과 사진이라는 시각 정보와 결합하여 자기의 소리로 흉내 낸 것이었습니다. 아기는 엄마 아빠를 비롯한 주변의 어른들과 상호 작용하며 쌓은 정보를 그동안 들어 왔던 소리 정보와 결합하게 되고, 옹알이를 시작으로 '단어 → 짧은 문구 → 단문 → 장문' 순으로 말하기 능력을 발달시키게 되는 것입니다.

아기가 옹알이를 시작하며 처음 내뱉는 단어가 '엄마'인 이유를 혹시 생각해 본 적 있으신가요? 세상에 태어나 가장 먼저, 그리고 가장 오랫동안 함께한 사람, 울 때마다 문제를 해결해 주는 어떤 존재를 아기는 눈, 코, 입, 그리고 피부에 닿는 촉감 등으로 인식하며 자신만의 '이미지'를 만들게 됩니다. 그런데 아기는 엄마 아빠와 주변 어른들이 그 존재를 반복적으로 엄마라고 부른다는 것을 알게 됩니다. 그리고 자신이 인식하고 있던 존재(이미지)를 엄마와 연계하며 드디어 엄마라는 소리를 입으로 내뱉게 되는 것입니다.

물론 발음하기가 쉽다는 이유도 있을 겁니다. 직접 소리 내어 '엄마'를 발음해 보시기 바랍니다. 그래서 아마 다른 언어에서도 mommy, mama, mom……같이 엄마를 뜻하는 단어에는 'ㅁ(m)'소리가 많은 게 아닌가 추측해 봅니다.

아이가 언어를 배우는 순서
② 읽기-쓰기

언어의 네 영역 중 듣기와 말하기는 '소리'가 중심인 영역으로 오랜 시간 그 언어가 사용되는 환경에서 지내기만 해도 습득할 수 있는 선천적인 능력입니다. 이에 반해 읽기와 쓰기는 의식적인 노력으로 얻게 되는 후천적인 능력입니다. 물론 특정 언어 환경에서 오랜 시간 지내다 보면 읽기와 쓰기 능력도 발달할 순 있습니다. 그러나 높은 수준의 읽기-쓰기는 반드시 의식적인 노력(다른 말로 하면 훈련, 연습, 공부 등)이 따라야 합니다.

한국 사람이면 누구나 모국어인 한국어로 듣고 말하고 읽고 쓰는 건 당연히 잘한다고 생각하시는지요? 그런데 선천적인 능력인 듣기와 말하기는 그렇다 치더라도 과연 읽기와 쓰기도 생각만큼 쉽게 할 수 있을까요?

실제로 책을 펼치면 책장을 넘기는 게 쉽지 않을 겁니다. 평소 책 읽는 훈련이 안 되어 있다면 말입니다. 글쓰기도 마찬가지입니다. 언제든 글을 쓸 수 있을 것 같지만, 제대로 된 서너 문장 쓰기도 쉽지 않습니다. 역시 훈련이 안 되어 있기 때문입니다. 그렇다면 어린아이의 읽기와 쓰기는 어떻게 접근해야 할지, 읽기부터 살펴보겠습니다.

읽기

대여섯 살까지 듣기와 말하기를 통해 그 언어의 문법과 어휘 같은 언어적 요소를 자연스럽게 몸으로 터득하는 동안, 어린아이의 두뇌는 드디어 문자를 배울 수 있는 능력을 갖추게 됩니다. 앞서 말씀드린 것처럼 대략 7세가 되면 좌뇌는 비로소 문자를 배울 수 있게 됩니다. 아이의 두뇌 발달을 고려하면 아이 혼자 책을 읽는 건 초등학교 진학 전후로 시작하면 적당하다는 뜻입니다.

부모라면 누구나 '우리 아이가 책 읽기를 좋아하고, 그래서 책을 많이 읽으면 좋겠다'라고 생각하는 것 같습니다. 그런데 어린아이에게 소리 내어 책을 읽어 주는 건 체력적으로 힘든 일이어서 그런지, 이왕이면 아이가 일찍부터 글자를 배워 혼자 책을 읽게 되기를 바라는 것 같습니다. 소위 엄마 아빠의 도움 없이 아이가 혼자 책을 읽는 걸 '읽기 독립'이라고 하더군요. 그래서 아이가 네댓 살만 되어도 말을 곧잘 한다면 한글과 알파벳을 가르치려는 것을 심심치 않게 보게 됩니다.

    그런데 어린아이의 읽기에 대한 엄마 아빠의 생각에는 한 가지 중대한 오해가 있습니다. 책은 문자를 알아야 읽을 수 있다고 생각하는 것입니다. 책을 읽는다는 행동을 한번 살펴볼까요? 책을 읽는 건 종이에 인쇄된 글자를 읽는 것처럼 보입니다. 하지만, 책 읽기는 엄밀히 말하면 '종이에 인쇄된 글자로 표현된 작가의 이야기를 읽는 것'입니다. 따라서 책을 읽을 때 중요한 것은 문자를 하나씩 따라가며 눈으로 읽거나 소리 내어 읽는 것이 아니라, 문자들로 표현된 이야기의 내용을 이해하고 그 흐름을 따라가는 것입니다.

    문자를 읽고 쓰지는 못해도, 이야기를 듣는 동안 상상력을 발휘하며 내용을 이해하고 그 흐름을 따라가는 것도 '읽는' 것입니다. 특히 나이가 어릴수록 다른 사람, 특히 엄마 아빠가 소리 내어 읽어 주는 이야기를 듣는 것만으로도 문자를 깨우쳐 스스로 읽는 것과 똑같은 효과를 볼 수 있습니다.

    어떤 언어를 배울 때 문자의 형태와 소릿값을 배우고 이해하는 것은 중요합니다. 하지만 문자의 형태와 소릿값을 배워 문자를 읽을 순 있더라도 배경지식이 충분하지 않다면, 문자와 문자, 문장과 문장, 단락과 단락의 관계를 제대로 이해하기 어렵습니다. 오래전 군 복무 때 알고 지내던 주한 미군이 좋은 사례입니다.

그 미군은 3주 정도 한글을 배웠다며 부대 근처 식당에서 한글로 써진 음식 이름을 또박또박 소리 내어 읽더군요. 그런데 그뿐이었습니다. 읽기는 읽지만 그게 무슨 뜻인지, 무슨 종류의 음식인지는 전혀 모르더군요. 직접 먹어 보고 좋아하게 된 '삼겹살'만이 유일하게 뜻을 아는 음식이었습니다. 그 미군은 삼겹살을 제외한 다른 한국 음식에 대한 배경지식이 없었던 것입니다.

하물며 아직 세상에 대한 경험(배경지식)이 부족한 어린아이라면 길에서든 책에서든 자신이 아는 문자를 소리 내어 읽을 수는 있어도 실제로는 읽는 게 아닐 수 있습니다. 나중에 7부에서 좀 더 자세히 소개하겠습니다만, 초독서증이라는 후천성 영유아 자폐증이 있습니다. 일찍 문자에 익숙해진 어린아이는 자칫 초독서증으로 발전할 수도 있습니다.

쓰기

어떤 언어든지 쓰기는 언어의 네 영역 중 가장 마지막에 도달하는 영역입니다. 듣기-말하기를 통해 기본적인 언어 능력을 발달시키고 이를 통해 직간접적인 경험을 쌓은 다음에야 읽기가 가능해지는데요. 읽기를 통해서도 간접적인 경험을 쌓고 기본적인 언어 능력을 발달시키게 됩니다. 한편, 읽기를 통해 인간의 고유한 사고 능력을 담당하는 전두엽을 자극하게 됩니다.

그동안 쌓아온 언어 능력, 직간접적인 경험, 그리고 사고 능력이 결합하면서 비로소 언어의 네 영역 중 최고 정점인 쓰기가 가능해집니다. 쓰기는 머릿속의 다양한 정보를 언어의 구조에 맞게 배열하여 문자로 표현하는 과정이라고 할 수 있습니다.

> **아이의 언어 발달은
> 이미지를 연결하는 과정**

모국어와 외국어의 차이는 이미지를 떠올리는 방식으로도 구분할 수 있습니다. 즉, 모국어는 '이미지'를 떠올리지만, 외국어는 '모국어의 번역어'를 먼저 떠올린 후 이미지를 떠올립니다. 만두의 다음 두 사례를 보시면 무슨 뜻인지 이해하실 것입니다.

만두의 사례 ①
만두가 유치원에 다닐 때였습니다. 『The Beginner's Bible』(Zondervan, 2016)이라는 영어 그림책을 읽어 주는데, '~ and squiggly creatures to live in the ocean'이라는 문장이 나왔습니다. 평소 영어 그림책을 읽어 주면서 내용이나 단어의 뜻을 일부러 설명하진 않았습니다만, 아이가 squiggly의 뜻을 알고 있는지 궁금하여 한번 물어보았습니다. 이미 여러 번 소리 내어 읽어 줬던 책이지만, 저도 그 단어의 뜻은 몰랐거든요.

아빠 딸, 여기 squiggly는 무슨 뜻이야?
딸 ……

품에 안겨 있던 만두는 대답 대신 오른손 검지를 머리 높이쯤 허공으로 들어 올리더니 좌우로 구불구불하게 선을 그려 내려오면서, "이게 squiggly야" 하더군요. 영어 사전을 찾아보니 squiggly는 '(선이) 구불구불한'이라는 뜻이었습니다.

만두의 사례 ②

만두가 초등 1학년 때였습니다. 오전에 읽은 영어 그림책에 'disappear'라는 단어가 나왔길래, 그 뜻을 물어보았습니다.

아빠 딸, 아까 읽은 책에 나온 disappear는 무슨 뜻이지?
딸 (옆에 있던 종이를 가리키며) 여기에 종이가 있지? 아빠, 눈 감아 봐.
아빠 (아이 말대로 눈을 감으며) 이렇게?

딸 응. (종이를 치운 후) 이제 눈 떠 봐. 종이가 없어졌지? 이게 disappear야.

'없어져서 눈에 안 보이는 거야' 정도로 대답하지 않을까 예상했는데, 딸아이는 disappear의 뜻을 이미지로 보여 주더군요.

모국어에서는 단어의 뜻을 이미지로 떠올립니다. 단어의 뜻을 이미지로 떠올린다는 건 무슨 뜻인지 '학교'라는 단어를 예로 들어 살펴보겠습니다. 국어사전에서 '학교'의 뜻을 찾아보면, '〈명사〉일정한 목적·교과 과정·설비·제도 및 법규에 의해 계속해서 학생에게 교육을 시행하는 기관'이라고 나옵니다.

한국 사람이 한국어로 '학교'라는 단어를 듣거나 말하거나 보거나 쓸 때, 위와 같은 국어사전의 뜻풀이를 떠올리진 않습니다. 그 대신 어떤 이미지를 떠올립니다. 예를 들면 다음 중 하나이지 않을까요?

① 국기 게양대가 설치된 낮고 좌우로 긴 건물
② (학생의 시각에서) 칠판과 그 앞에 서 계신 선생님
③ (선생님의 시각에서) 가지런히 놓인 책상에 앉아 있는 학생들
④ ……

각자 떠올리는 '학교'에 관한 이미지는 조금씩 다르더라도, 사회적·문화적 경험을 공유하는 한국인이라면 '학교'에 관해

비슷한 이미지를 갖고 있을 겁니다. 우리가 한국어로 듣고, 말하고, 보고, 읽을 때 머릿속에는 일련의 이미지가 계속 이어집니다. 그러나 영어를 외국어로 배운 한국 사람이 'school'이라는 단어를 듣거나 말하거나 보거나 쓸 때는 먼저 'school'에 대응하는 한국어 단어인 '학교'를 떠올립니다. 그다음 자신의 뇌에 저장된 '학교'의 위 이미지 중 하나를 떠올립니다. 모국어인 한국어에서는 곧바로 이미지를 떠올리지만, 외국어인 영어에서는 한국어를 거쳐 이미지를 떠올리는 비효율이 발생하는 것입니다.

혹시 지금 어린아이에게 'school'은 '학교', 'squiggly'는 '구불구불한', 'disappear'는 '사라지다'처럼 영어 단어에 대응하는 우리말을 가르치거나 외우게 하고 계시진 않나요? 그렇다면 여러분의 아이는 영어를 모국어가 아닌 외국어로 배우고 있는 겁니다.

그런데 만두의 사례 ①에서 소개된 squiggly라는 단어의 이미지를 만두는 어떻게 알게 되었을까요? 그 답은 『Go Away Big Green Monster』(JYBooks, 2001)라는 영어 그림책에서 찾을 수 있었습니다. 이 책은 페이지마다 도깨비의 눈, 코, 귀, 머리카락 등이 그려져 있고, 페이지를 넘길 때마다 하나씩 덧붙여지면서 마지막 페이지에서 초록색 도깨비 얼굴이 완성됩니다. 그런데 도깨비의 귀가 위아래로 구불구불하게 그려져 있는 페이지를 보면 'squiggly ears'라고 되어 있습니다. 『The Beginner's Bible』을 읽어 줄 때 딸아이가 기억한 squiggly의 이미지는 바로 그 도깨비의 귀였습니다!

영어 그림책을 읽어 줘야 하는 이유

    생명다양성재단의 최재천 대표님은 『최재천의 공부』(김영사, 2022)에서 오래전 미국에서 공부할 때의 일화를 소개합니다. 하루는 교회에서 알게 된 미국인 할머니가 집에 찾아와서는 침대에 눕혀 놓은 아들을 안고 그날 뉴스부터 세상 이야기를 술술 들려주셨다죠. 그 할머니는 "얘가 아무것도 모를 것 같지만 다 듣고 있으니 책을 읽어 주고 세상 이야기를 들려주라"고도 하셨답니다. 그날부터 최 대표님 부부는 아기가 눈 뜨고 있는 시간에는 둘이 번갈아서 아들에게 책을 읽어 줬고, 그 아들은 자라면서 줄기차게 책을 읽더니 SAT 같은 시험은 거의 만점을 받았다고 합니다. 따로 훈련이 없었는데도 미국 대학에서 강조하는 글쓰기를 아주 잘했고요.

딸아이의 언어 발달을 지켜봐 온 저로서는, 그 미국인 할머니의 말씀에 깊이 공감하지 않을 수 없습니다. 언어는 그 언어를 사용해 온 여러 사람과 상호 작용하며 습득하는 게 이상적입니다. 그런데 핵가족화가 진행되면서 요즘 아이들은 친지나 주위 어른들보다는 미디어(TV, 유튜브, 오디오북 등)에서 일방적으로 흘러나오는 이야기를 더 많이 듣게 되었습니다.

어린아이에게 미치는 미디어의 부정적인 영향은 상상 이상으로 큽니다. 미디어는 어린아이의 시각과 청각을 강하게 자극할 뿐, 감정과 느낌을 주고받는 상호 작용이 없습니다. 아무리 콘텐츠가 우수하더라도, 정보를 일방적으로 전달하는 본질에는 변함이 없습니다. 정서 발달에 좋을 리 없습니다.

인간은 언어 외에도 표정, 몸짓, 억양, 목소리 등을 통해 다양한 메시지를 주고받습니다. 특히 아직 언어 능력이 발달하지 않은 어린아이일수록 다양한 방식으로 표현하는 자기의 뜻을 알아채고 적절히 반응해 주는 엄마 아빠는 매우 중요합니다. 언어 능력이 왜 필요한지 어린아이가 스스로 깨닫는 계기가 되기 때문입니다. 그렇다면 어린아이의 언어 발달을 위해 미디어를 대체할 수 있는 건 무엇일까요?

저는 엄마 아빠가 어린아이를 끌어안고 그림책을 소리 내어 읽어 주는 게 거의 유일한 방법이지 않을까 생각합니다. 흰 종이에 문자가 인쇄된 책에는 작가의 경험과 생각이 담겨 있습니다. 책에서 독자가 체험하는 범위는 무궁무진한데요, 특정 분야의 지식을 배울 수도 있고, 다양한 사고방식과 문화, 감정도 느낄 수 있습니다. 시간적·공간적 한계도 책을 통해서라면 얼마든지 뛰어넘을 수 있고요. 무엇보다도 이런 간접 체험이 수려한 문장으로 전달된다면 아이의 언어 발달에 긍정적인 자극이 됩니다.

영어 그림책에는 이야기가 글로 쓰여 있고, 이야기의 흐름에 중요한 장면을 묘사한 그림이 있습니다. 이런 영어 그림책을 어린아이에게 소리 내어 읽어 주면, 아이는 이야기를 소리로 들으며 그림을 보게 되죠. 그런데 아이는 다양한 이야기를 소리로 듣는 동안 이야기의 상황과 문맥을 파악하게 됩니다. 또한 자연스럽게 영어의 문법과 어법을 배우게 되고, 이야기의 상황과 문맥 속에서 단어의 뜻을 유추하게 됩니다. 마치 우리말 배우듯 말입니다.

초등학교 입학 전까지 딸아이에게 영어 그림책과 우리말 그림책을 7:3 혹은 8:2 정도 비율로 5~6년 동안 만누 엄마와 힘께 소리 내어 읽어 줬다고 말씀드렸죠? 우리말 책보다 영어책을 훨씬 많이 읽어 주더라도 딸아이의 한국어 발달에 어떤 문제가 생기리라고 생각하지는 않았습니다. 어차피 딸아이는 우리말 환경에서 지내기 때문에 우리말은 당연히 잘하리라 예상하였고, 오히려 영어 그림책을 통해 영어로 된 다양한 이야기를 들려줘야 언어 발달 순서에 따라 영어를 발달시킬 수 있을 것으로 기대했기 때문입니다.

그런데 이야기의 내용이나 단어의 뜻을 따로 설명하지 않고 그저 읽어만 줬는데, 아이는 어떻게 호흡이 긴 이야기를 무리 없이 이해할 수 있었을까요? 나중에 결정적인 힌트를 얻을 수 있었습니다. 초등학교 1학년 무렵, 아이가 영어 오디오북을 듣고는 주인공이 처한 상황을 아주 정확히 설명한 적이 있습니다. 그런데 어려운 단어들이 들리길래 그 뜻을 물어보니, 단어들의 뜻을 대략적으로만 설명할 뿐 확신은 못 하더군요.

이야기 속 상황은 잘 설명하는데 그 상황 속 개별 문장에 쓰인 단어의 뜻은 모른다니, 이건 무슨 뜻일까요? 우리가 뉴스를 들을 때 전문 용어를 정확히 이해해야만 뉴스의 내용을 파악하는 건 아닙니다. 특정 단어의 뜻을 정확하게는 모르더라도, 문맥을 통해 뉴스의 내용을 이해하는 경우가 대부분입니다

만두가 개별 영어 단어나 문장보다는 이야기의 흐름을 파악할 수 있게 된 이유는 무엇일까요? 만두는 어렸을 적부터 엄마 아빠가 품에 안고 소리 내어 읽어 줬던 영어 그림책 속 이야

기를 수없이 들었을 뿐입니다. 하지만 그 덕분에 이야기의 맥락을 파악하는 훈련을 별다른 노력 없이 할 수 있었다고 생각합니다.

> **부모의 영어 발음이
> 걱정된다면**

    엄마와 아빠가 직접 영어 그림책을 소리 내어 읽어 주라고 말씀드리면, 엄마 아빠의 부족한 영어 발음이 아이의 영어 발음에 안 좋은 영향을 끼치는 건 아닌지 걱정하는 분들이 많습니다. 결론부터 말씀드리자면, 엄마 아빠의 영어 발음은 별로 중요하지 않습니다.

    엄마 아빠가 영어 그림책을 소리 내어 읽어 주더라도, 아이의 영어가 일정 수준에 도달하면 오디오북을 듣거나 영화, 애니메이션 등 영어 영상물을 시청하게 됩니다. 그러면 아이의 영어 발음은 신기하게도 원어민(성우 혹은 배우)의 발음을 따라갑니다. 만두도 엄마 아빠가 오랜 시간 영어 그림책을 소리 내어 읽어 줬건만, 결국 영어 영상물 속 원어민의 발음과 억양을 따라가더군요. 부모로서는 영어 그림책을 소리 내어 읽느라 에너지 소비가 크기 때문에 그 시간이 매우 길게 느껴집니다. 그러나 실제로 그 시간은 나중에 아이가 영어 영상물을 시청하는 시간에 비하면 매우 짧습니다. 그러니 영어 발음이 유창하지 않다고 스트레스받지 않으시길 바랍니다. 영어 환경을 잘 유지하기만 하면 아이는 자신만의 영어 발음을 잘 찾아갑니다.

그런데, 우리는 영어 발음에 지나치게 신경을 쓰는 것 같습니다. 한국어 발음에는 반의반도 신경을 쓰지 않으면서 말입니다. 여기서 다음 두 가지를 생각해 보면, 아이들의 영어 발음에 대한 과도한 관심을 줄일 수 있지 않을까 생각합니다.

첫 번째는 '표준어'입니다. 사전에서 표준어의 뜻을 찾아보면, '우리나라에서 교양 있는 사람들이 두루 쓰는 현대 서울말'이라고 되어 있습니다. TV 방송에서 아나운서들이 이런 표준어로 방송을 진행하죠. 그런데 영어에는 이렇게 특정 지역이나 사람을 기준으로 삼는 표준어라는 개념이 없습니다. 다양한 국가와 지역에서 공용어로 사용되는 언어라서 표준어라는 기준을 세우기가 어려워서 그런가 봅니다. CNN 뉴스만 보더라도 나양한 발음과 억양을 들을 수 있습니다. 하지만 누구도 CNN 아나운서나 기자들의 영어가 이상하다든가 영어를 못한다고 하지 않습니다. 그들이 전하는 메시지를 알아듣는 데 문제가 없기 때문입니다.

두 번째는 반기문 전 UN 사무총장의 영어 발음입니다. 대한민국 외교관으로서 UN 사무총장의 자리에 오른 것은 당사자나 국가적으로 영광스러운 일입니다. 그런데 세계인들은 UN 사무총장의 연설에서 내용에 주목하는데, 유독 우리나라 사람들은 그분의 영어 발음에 관심을 보였던 것 같습니다. 뭔가 잘못되지 않았나요?

우리 아이가 영어 오디오북의 전문 성우가 될 게 아니라면, 아이의 영어 발음에 관한 부담은 내려놓으셔도 됩니다. 아이가 어릴수록 엄마 아빠의 영어 발음보다는, 엄마 아빠의 품에서 영어 그림책의 책장을 같이 넘기는 경험이 훨씬 더 중요합니다. 그런 경험을 통해 아이의 영어 내공은 영어 발음을 포함하여 차곡차곡 쌓이게 됩니다.

쿠슐라에게 일어난 기적

만두가 태어나기 전, 아기의 영어 환경을 고민하면서 읽었던 책 중에 『쿠슐라와 그림책 이야기』(보림, 2003)가 있습니다. 도서관 서고에서야 찾을 수 있었던 오래된 책이었는데요. 내용을 잠깐 소개해 보겠습니다.

염색체 이상으로 정신적·신체적 장애를 가지고 태어난 쿠슐라는 손발도 잘 움직이지 못했고, 감각 기관은 발달이 더뎠으며, 수시로 일어나는 근육 경련 때문에 잠을 자는 것도 어려웠다고 합니다. 심지어 쿠슐라는 앞으로 정상적인 지능 발날은 불가능하다는 진단도 받게 됩니다.

하지만 쿠슐라의 엄마는 아이에 대한 믿음과 사랑을 포기하지 않습니다. 그리고 자신이 어렸을 때 엄마 아빠와 함께 그림책을 읽었던 기억을 되살려 쿠슐라에게 밤낮으로 그림책을 읽어 줍니다. 친척들도 쿠슐라의 성장 단계에 맞춰 다양한 그림책을 읽어 줍니다. 그렇게 쿠슐라가 여섯 살이 되었을 때, 쿠슐라의 지능은 또래 수준으로 발달하였고 사회 생활하는 데 문제가 없다는 진단을 받습니다. 아동 문학가였던 쿠슐라의 외할머니는 당시 이러한 쿠슐라의 변화를 발표해서 세계적인 호응을 얻었습니다. 동화 같은 이 이야기는 실제 있었던 일입니다.

'정신적·신체적 장애가 있는 어린아이에게 그림책을 읽어 줬더니 인지 능력이 발달하고 언어 능력이 발달했다고? 그래서 거의 정상적인 수준에 도달했다고?' 이 책을 읽을 때만 하더라도 저는 그림책이 무슨 만병통치약도 아니고 지적 장애를 치료하는 데 도움이 되었다는 결론에 반신반의했습니다.

하지만 영어와 한국어로 그림책을 읽어 주며 딸아이 만두의 성장을 지켜본 경험이 생긴 지금은 쿠슐라의 사례는 가능성이 충분하다고 확신하게 되었습니다. 쿠슐라의 엄마 아빠가 쿠슐라를 품에 안고 그림책을 읽어 주는 내내 쿠슐라의 전두엽은 정서적·언어적으로 자극 받고 있었을 테니까요. 이런 자극이 쌓이면서 쿠슐라의 전두엽은 점차 원래 기능을 회복하게 된 것이 아닐까요?

아이가 어릴수록 아이의 두뇌 성장에 필요한 적절한 자극이 필요합니다. 그리고 엄마 아빠가 아이를 끌어안고 소리 내어 읽어 주는, 그래서 엄마 아빠가 아이와 같은 시선으로 그림책의 책장을 넘기는 것이야말로 최고의 자극이라고 확신합니다.

3부 아이의 영어 환경을 위한 첫 단추

영유아기 (1~3세)

Old McDonald Had a Farm

이전에 살던 집 근처에는 2층짜리 맥도날드 매장이 있었습니다. 주말 아침이면 딸아이를 유모차에 태우고 그곳에 가 커피와 함께 시럽을 뿌린 팬케이크를 먹곤 했었죠. 바쁜 한 주를 보내고 주말의 여유를 즐기는 방법이었습니다. 언젠가 주말 아침 맥도날드 매장을 찾았을 때였습니다. 유아용 의자에 앉아 조그마한 팬케이크를 먹고 있던 만두는 갑자기 노래를 흥얼거리더군요.

딸 (다소 큰 소리로) 올 맥도날 해러 팜, 이야이야요…….
아빠·엄마 응? (^_____^)

그 후로도 한동안 만두는 맥도날드 매장에만 가면, 영어 동요『Old McDonald Had a Farm』의 중독성 높은 후렴구를 흥얼거리며 어깨를 들썩이곤 했습니다.

15개월 무렵부터 만두를 품에 안고 여러 영어 보드 북과 한국어 보드 북을 읽어 주기를 시작하였고, 20개월 무렵부터는 CD와 카세트테이프 등으로 영어 동요도 들려주기 시작했습니다. 영어든 한국어든 동요를 먼저 들려주지 않았던 이유는, 아직 청각이 발달하지 않은 영아에게 기계에서 일방적으로 흘러나오는 소리가 좋을 리 없다고 생각했기 때문입니다.

일단『노부영』이라는 영어 그림책 시리즈를 예닐곱 권 샀습니다. 각 권마다 영어 동요가 하나씩 수록되어 있고, 가사의 장면을 묘사하는 그림이 그려져 있습니다. 동요를 소재로 한 영어 그림책에 CD가 부록으로 따라온다고 할 수 있습니다. 지금은 절판된 것으로 압니다만, 당시엔 삼성출판사에서 출간한『보들북』시리즈 중 영어 동요와 관련 있는 그림책이 몇 권 있었고, 만두는 그 책의 CD 속 영어 동요도 아주 잘 들었습니다. 당시 '올레 TV'에서는 코코몽과 뽀로로가 주인공으로 등장하는 영어 동요 애니메이션을 보여 주기도 했습니다. 그 밖에도 영어 동요가 수록된 CD와 테이프를 들려주었습니다.『노부영』,『보들북』, TV, CD(혹은 카세트테이프) 등을 통해 같은 영어 동요도 다양한 버전으로 들려줄 수 있었습니다.

한편 연관된 동요와 책을 중첩되게 보여 주려고 신경을 썼습니다. 『Old McDonald Had a Farm』 동요를 들려주며 『OLD MacDONALD'S BARN』이라는 입체북을 아이 옆에 갖다 놓는 식으로 말이죠.

그런데 말입니다. 지금 생각해 보면 영어든 한국어든 동요를 소재로 한 그림책은 필요 없었습니다. 동요만 들려주면 될 일이었습니다. 기억은 잘 안 나시겠지만, 이 글을 읽고 계신 여러분도 어렸을 적에는 한국어로 된 동요를 많이 듣기도 하고 직접 부르기도 했을 것입니다. 하지만 그런 경험 덕분에 언어 발달에 도움이 되었다든가, 유년기 이후 한국어 생활이 풍부해졌다고 생각하진 않을 겁니다. 더구나 성인이 된 지금, 기억을 되살려 부를 수 있는 동요는 몇 개 되지도 않을뿐더러 귀에 익은 후렴구만 콧노래로 흥얼거리거나 아니면 어린이집에 다니기 시작한 아이 덕분에 노래를 다시 떠올릴지도 모르겠습니다.

동요(童謠)는 말 그대로 '어린이를 위한 노래'입니다. 동요를 즐기는 시기는 정해져 있다는 뜻인데요, 동요를 즐겨 듣고 부르는 시기가 지나면 더 이상 동요에 관심을 두지 않습니다. 마찬가지 이유로 동요를 들어야 하는 시기에 요즘 유행하는 K-Pop을 들려주면 아이는 외면할 것입니다.

영어 동요라고 특별히 다를 건 없습니다. 어린아이의 영어 발달에 관심 많은 엄마 아빠라면 으레 '영어 동요를 들려주면 아이의 영어 발달에 도움이 되지 않을까'라고 생각합니다. 그래서인지 영유아 자녀를 둔 엄마들끼리 모여 영어 동요의 가사를 공부하고 동요를 부르는 연습을 위해 모임을 결성한다는 글을 블로그에서 심심치 않게 볼 수 있습니다. 하지만 아이의 우리말에 도움이 되기를 바라며 동요 가사를 공부하거나 따로 연습하지는 않으면서 왜 유독 영어 동요에는 어떤 의미를 부여하려고 하는지요?

아이의 영어 발달에 도움이 되기를 바라며 영어 동요를 들려주는 건 의미 없다고 생각합니다. 영어든 한국어든 어린아이가 동요를 따라 흥얼거리거나 리듬에 맞춰 춤을 추면 그걸로 충분합니다. 동요를 들으며 아이가 얌전히 앉아 그림책만 넘기거나, 따라 부르게 하려고 반복적으로 연습시키는 건 동요를 제대로 즐기는 방법이 아닙니다.

> **책은 반드시
> 아이를 품에 안고 읽어 준다**

『사과가 쿵』(보림, 2009)이라는 영유아 보드 북의 스테디셀러가 있습니다. 만두도 무척 좋아해서 셀 수도 없을 만큼 여러 번 읽어 줬었는데요. 덕분에 만두는 책장을 넘길 때마다 나오는 곤충과 동물의 순서를 외울 정도였습니다. 빨갛고 거대한 사과가 '쿵!' 하고 땅으로 떨어지고, 땅속에서 올라온 두더지를 시작으로 책장을 넘길 때마다 새롭게 추가되는 곤충과 동물이 거대한 사과를 조금씩 갉아 먹기 시작합니다. 마지막 페이지에서는 곤충과 동물이 먹다 남은 사과를 우산 삼아 그 안에서 사이좋게 비를 피하는 것으로 끝납니다.

손가락으로 그림을 짚어 가며 곤충과 동물의 이름을 읽어 주거나 숨은그림 찾듯 "사자는 어디에 있지?", "개미는 어디에 있지?" 하며 책 읽기에 변화를 주기에 좋았습니다. 다양한 의성어가 등장하는 것도 좋았습니다. 언젠가 거실에 앉아 만두를 품에 안은 채 『사과가 쿵』을 읽어 줄 때였습니다. 딸아이를 내려다보면서, 왼쪽 귀에는 "사각사각. 아, 싱싱해" 오른쪽 귀에는 "서걱서걱. 아, 싱싱해" 하고 소리를 내어 줬습니다('서걱'은 책에는 없는 의성어였습니다). 목소리를 작게 하거나 크게 내기도 하면서 변화를 주며 읽어 줬더니, 아이는 재미있다는 듯 고개를 위로 살짝 돌리면서 웃는 얼굴로 저를 쳐다보더군요. 저도 아기와 눈이 마주치면서 살짝 웃었던 기억이 있는데요. 지금도 서점에서 『사과가 쿵』을 볼 때면 딸아이의 그 웃음이 떠오릅니다.

영어 그림책이든 한국어 그림책이든 항상 딸아이가 쉽게 찾을 수 있는 곳에 꽂아 두거나 쌓아 두었고, 생각날 때마다 꺼내어 소리 내어 읽어 주었습니다. 그러는 동안 이웃집에서 얻어 온 『까이유』 시리즈와 낮은 단계의 『Oxford Reading Tree』(ORT) 같은 영어 그림책도 반복하여 읽어 줬습니다. 그 밖에도 어린이 도서관에서 대출한 단행본 영어 그림책들을 계속 읽어 줬습니다.

그러던 어느 날, 엄마에게 안겨 영어 그림책을 넘기는 딸아이의 눈동자를 본 적이 있습니다. 아이는 눈동자를 반짝이며 시선을 이리저리 옮기고 있었습니다. 귀로는 엄마가 읽는 영어 그림책의 문장을 들으며 눈은 그림 구석구석을 훑고 있었던 것입니다. 아이가 매우 적극적으로 엄마의 영어 그림책 읽기에 참여하고 있는 것이 느껴졌습니다.

같은 그림책이지만 시차를 두고 다시 읽어 줄 때, 아이의 반응이 다른 것도 느낄 수 있었습니다. 지난번에는 영어 그림책 읽는 소리를 따라오기만 했다면, 시간이 흐른 후 다시 읽어 줄 때는 자기가 직접 책장을 앞뒤로 넘기며 마치 영어 그림책의 이야기를 이해하는 듯한 움직임을 보인 것입니다. 만두 엄마도 비슷한 느낌을 받았다고 하더군요.

'아, 영어 그림책을 읽어 줄 때마다 아이에게 변화가 나타나는구나!'
'영어 그림책을 읽어 주기만 했는데, 아이가 이야기의 흐름을 따라오는구나!'

영어 그림책을 소리 내어 읽어 주기만 해도 언어 습득의 첫 번째 단계인 '듣기'는 해결할 수 있겠다고 확신하게 되었죠. 만두 엄마와 저는 앞으로 만두가 책을 친근하게 여기고 아이 일상에 책 읽기가 자연스럽게 스며들기를 바랐습니다. 이런 바람은 이뤄졌고, 예전 보드 북의 역할이 매우 컸다고 생각합니다.

돌 무렵 아기는 아직 장난감이 뭔지, 책이 뭔지, 스마트폰이 뭔지 모릅니다. 엄마와 아빠가 아기 손에 무엇을 쥐여 주는가가 중요하다는 뜻이죠. 세상에서 가장 안전한 엄마 아빠의 품에 안겨 엄마 아빠의 따뜻한 체온을 느끼며 엄마 아빠와 함께 같은 시선으로 보드 북의 책장을 함께 넘기는 경험이야말로 영유아에게는 최고의 선물입니다. 그런 의미에서 보드 북의 종류는 중요하지 않습니다. 그저 책의 형태를 갖춘 것이면 됩니다.

영유아는 태어나면서부터 엄마 아빠와 상호 작용하며 세상을 배우고, 엄마 아빠의 언어를 모국어로 배우게 됩니다. 그런 상호 작용의 시작에 보드 북이라는 매개체가 끼어드는 것입니다. 영유아에게 보드 북은 그냥 책이 아니라 엄마 아빠와 친밀감을 쌓는 도구이며, 엄마 아빠의 품에서 세상으로 나아가는 첫 번째 관문이 되는 것입니다.

영유아 때부터 엄마 아빠의 품에서 보드 북 책장을 넘긴 경험은, 딸아이가 스스로 책 읽기의 즐거움을 알고 일상생활의 일부분으로 받아들이게 된 첫 단추였다고 생각합니다. 아직 자녀가 어리다면, 한 번이라도 더 품에 안고 그림책을 읽어 주고, 서로 체온을 느끼며 상호 작용하시기를 바랍니다. 아이가 유치원에 다니고 초등학교에만 입학해도 아이를 품에 안고 책장을 같이 넘기는 건 어려워집니다. 해 주고 싶어도 못 하게 됩니다.

> **소리 내어 읽어 봐야
> 진가를 아는 '보드 북'**

　자녀 영어에 관심 있는 부모라면 누구나 아는 영어 보드 북. 영유아 자녀에게 제일 먼저 읽어 주는 영어 보드 북. 바로 에릭 칼의 『Brown Bear, Brown Bear, What Do You See?』(이하 Brown Bear)가 아닐까 싶습니다. 10여 년 전, 곧 돌을 맞이하는 만두에게 읽어 주려고 제가 처음 산 영어 보드 북도 Bear 시리즈 세 권이었습니다.

　　『Brown Bear, Brown Bear, What Do You See?』
　　『Polar Bear, Polar Bear, What Do You Hear?』
　　『Panda Bear, Panda Bear, What Do You See?』

다른 보드 북도 마찬가지입니다만, 에릭 칼의 보드 북은 페이지마다 줄곧 단순한 그림과 간단한 문장만 보입니다. 처음엔 '이게 뭐야? 책값이 너무 비싼 거 아냐?' 할 수도 있습니다. 그러나 이런 보드 북은 직접 소리 내어 읽어 봐야 그 특별한 재미를 알게 됩니다. 리듬감 있는 특유의 문장들을 소리 내어 읽어 주다 보면 엄마 아빠나 그걸 듣고 있는 아기 모두 재미를 느낄 수 있습니다. 페이지마다 반복되는 문구가 입에 착 달라붙는다고나 할까요? 그런 멋진 문장을 찾아내는 걸 보면 괜히 그림책 작가가 있는 건 아니라는 생각이 듭니다.

15개월 무렵부터 기저귀로 두툼해진 엉덩이를 한 딸아이를 품에 안고 이 세 권을 비롯하여 여기저기서 얻어 온 영어 보드 북과 한국어 보드 북을 읽어 주기 시작했다고 말씀드렸죠? 아직 말도 못 하는 아기에게 영어를 한국어로 해석해 준들 알아듣는 건 아닐 테니, 그냥 영어 문장을 쓰여 있는 그대로 읽어만 줬습니다. 아이는 마치 알아듣기라도 하는 것처럼 얌전히 듣고 있었고, 조그만 손을 움직여 책장을 앞뒤로 넘기기도 했죠.

어느 주말 오전이었습니다. 그날도 만두를 안은 채 이 책 저 책을 읽어 주고 있었습니다. 잠시 후 옆에 있던 3단 책장에서 책을 찾으려고 할 때였습니다.

아빠 『Brown Bear』가 어디에 있지? 오늘따라 못 찾겠네?

딸 (책장으로 기어가더니 『Brown Bear』를 가리키더군요.)

아빠 (놀라며) 아, 거기에 있었구나!

두 돌 정도 된 아기가 'Brown Bear'라는 소리를 알아듣고는 그 소리에 해당하는 물건을 가리키다니! 만두가 언어 영재인 줄 알았습니다. 물론 그 나이의 아기가 표지에 적혀 있는 Brown과 Bear를 읽은 건 아니었을 겁니다. 다만 'Brown Bear'라는 소리가 그 보드 북을 가리킨다는 것을 알고 있었을 뿐이겠죠. 소리와 이미지를 결합한 것이죠.

'아하! 사물의 이름을 반복하여 들려주면, 아이는 그 소리를 사물과 연결하는구나. 그렇게 사물의 이름을 알아가는구나!'

아기가 언어를 배울 때, b, r, o, w, n 같은 알파벳 문자의 형태와 소릿값을 알아야만 'brown'이라고 읽는 게 아닙니다. 영어든 한국어든 아기는 그 언어를 소리로 충분히 듣는 게 중요합니다. 특히 나이가 어릴수록 엄마 아빠와 상호 작용하며 엄마 아빠의 언어를 소리로 듣는 건 매우 중요합니다. 아기에게 들려줄 이야깃거리가 많지 않다면, 아이를 품에 안고 그림책 속 이야기를 소리 내어 읽어 주기만 해도 됩니다. 그렇게 엄마 아빠가 들려주는

(읽어 주는) 언어를 소리로 충분히 들은 아이라면, 초등학교 입학 전후 그 언어를 표기하는 문자의 형태와 소릿값을 구분하고 외우는 건 어려운 일이 아닙니다.

어린아이에게 영어든 한국어든 그림책을 읽어 주면 좋다고 하니 혹시 보드 북의 단어나 문장을 읽으면서 그 문장이나 단어를 손가락으로 가리키시나요? 혹은 보드 북에서 아이가 어떤 교훈을 얻거나 언어적인 자극을 받아야 한다고 생각하시나요? 그냥 아이를 품에 안고 가볍게 소리 내어 읽어 주시기 바랍니다. 재미있는 내용이 나오면 크게 웃으며 가볍게 흔들어 주거나, 바람을 가르고 언덕에서 미끄러져 내려오는 장면이라면 바람 소리를 내며 전후좌우로 가볍게 몸을 흔드는 것도 좋습니다. 보드 북을 읽어 주면서 엄마 아빠는 아이의 체온을 느끼고, 아이는 엄마 아빠의 체온을 느끼는 것 이상의 다른 어떤 것을 바란다면, 그건 엄마 아빠의 욕심입니다.

> Dora야, 고마워!

　어린아이에게 직접 책을 읽어 주다 보면 이제는 책의 종류 (난이도, 소재, 내용 등)에 변화를 줄 때가 되었다는 느낌이 듭니다. 만두에게 한국어와 영어 보드 북을 한창 읽어 주다가 어느 순간 보드 북 정도는 시시하게 여길 때가 곧 올 거라는 느낌이 들었는데요. 보드 북의 내용이 단순하기도 하고, 단순한 내용을 여러 번 반복해 읽었기 때문에 지루해하기 시작한 것 같았습니다. 그렇다고 비슷비슷한 수준의 보드 북을 구해서 읽어 주는 것은 큰 의미가 없을 것 같았습니다.
　온라인 서점의 카테고리를 살펴보다가 '외국 도서' 밑에 '유아-어린이-청소년'이라는 하위 카테고리가 있는 걸 알게 되었습니다. 당시엔 현행 도서 정가제가 시행되기 직전이어서 '염가 할인 도서'라고 분류된 오래된 책들을 저렴하게 살 수 있었습니다. 영유아용 영어책을 한 권씩 모두 클릭하여 미리보기와 서평을 꼼꼼히 검토하다가 찾아낸 책은 『Dora the Explorer』라는 그림책 시리즈였습니다. 알록달록 단순한 색감과 검은색 단발머리 소녀를 어디에서 많이 봤다 싶었는데, 오래전 일요일 아침마다 AFKN에서 방영하던 애니메이션의 주인공이더군요.

만두가 '영어는 재미있는 어떤 것'이라는 느낌을 가지게 된 건 앞서 소개한 보드 북과 영어 전집 『노부영』, 『보들북』 그리고 『그림책으로 영어 시작』(삼성출판사) 등의 전집 덕분이었다면, 본격적으로 영어라는 언어에 관심을 가지게 된 계기는 『Dora the Explorer』 시리즈였습니다. 이 시리즈는 원래 교육용 TV 애니메이션으로 만들어졌는데, 이 TV 에피소드를 그대로 정사각형 형태의 그림책으로 출간한 것이죠.

일곱 살쯤 된 주인공 Dora는 친구들과 함께 매회 새로운 미션을 해결하기 위해 모험을 떠납니다. 회당 20분 분량으로 매우 잘 만들어진 언어 교육용 애니메이션인데요. 미국에서 2010년에 처음 방송된 후 거의 10년 만에 시즌 8로 종영되었을 만큼 큰 인기를 얻은 것으로 알고 있습니다. 정사각형 형태의 책도 절판되었지만, 가끔 중고책으로 구입할 수 있는 것 같습니다.

만두 엄마와 저는 생후 22개월 무렵부터 만두에게 이 시리즈의 그림책들을 소리 내어 읽어 주었습니다. 아이는 엄마 아빠가 읽어 주는 영어 그림책에 거부감을 보이지 않았습니다. 보드북으로 충분히 단련되어 있었다고나 할까요? 알록달록하고 단순한 그림이 마음에 들었는지 딸아이가 조용히 듣고 있던 기억이 생생합니다. 기승전결로 이뤄진 이야기도 있고 제법 호흡이 긴 문장도 있었지만, 아이의 관심을 보드 북에서 Dora 그림책으로 어렵지 않게 전환할 수 있었습니다. 물론 아이가 다시 보드북에 관심을 보이면 당연히 보드 북도 열심히 읽어 줬습니다.

이 시리즈가 잘 만들어졌다고 생각한 이유는 에피소드마다 미션은 다르지만, 이야기가 전개되는 패턴이 일정하여 비슷한 상황에서는 특정 표현이 반복되기 때문입니다.

Let's go, vamonos!
Who do you ask for the help when you don't know which way to go?
Swiper, no swiping!
……

이런 문장들이 만두에게 얼마나 많이 반복적으로 노출되

었을지는 어렵지 않게 상상할 수 있을 겁니다.

그 후 눈에 띌 때마다 사들인 『Dora the Explorer』 시리즈가 40권 정도 됩니다. 권당 20~30번은 읽어 준 것 같은데요, 평일 저녁과 주말에 제가 읽어 준 것만 이 정도로 기억됩니다. 만두 엄마가 평일 낮에 읽어 준 건 별개입니다.

만두 엄마나 저는 『Dora the Explorer』 시리즈를 읽어 줄 때 단어나 문장의 뜻을 우리말로 풀어 주지 않았고, 어떤 상황인지 설명하지도 않았습니다. 아이에게 영어로 말을 걸어 어떤 대답이나 반응을 유도하지도 않았습니다. 그저 아이와 함께 영어 그림책을 읽었고, 아이가 흥겨워하면 같이 흥겨워해 주고, 춤추거나 노래하면 같이 움직여 주며 "잘한다!"라고 칭찬만 해 줬을 뿐입니다.

한편 『Dora the Explorer』 시리즈에 푹 빠져 있는 만두에게는 Dora가 그려진 옷이나 헬멧, 팔꿈치와 무릎 보호대를 구해 주었습니다. 아이가 좋아하는 그림책으로 성벽을 쌓든 징검다리를 놓든 상관하지 않았습니다. 아이가 그림책 자체를 더욱 친근하게 여기게 되는 길이라고 생각했기 때문입니다.

최근에 인터넷 서점에 들어가 보니 『Dora the Explorer』가 유치원생~초등 저학년을 위한 영어 교재로 출간되었나 봅니다. 책 소개 글을 보면 단원이 구분되어 있고, 예습·복습이 가능한 부분도 있으며, 단어를 모아 놓았는가 하면, 세이펜과 CD도 추가된 것 같습니다. 저는 아이가 어릴수록 영어 이야기의 흐름이 중간에 끊기지 않게 해 줘야 한다고 생각합니다. 그래서 온전히 이야기에 집중할 수 있는 예전 정사각형 형태의 책들을 더 추천하고 싶습니다. 부가 내용이 이야기의 흐름을 끊는 요즘 책들보다는 말입니다.

> **캐릭터 영어 그림책은
> 이렇게 활용했습니다**

'캐릭터 그림책'은 제가 만든 용어입니다. '주인공 캐릭터에게 매회 새로운 사건이 발생하고, 주인공은 그 사건을 해결하기 위한 과정을 거치며, 결국 그 과정이 비슷한 패턴으로 반복되는 영어 그림책'이라고 정의하고 싶습니다.

제가 딸아이를 위해 샀던 캐릭터 그림책 시리즈들은 대략 다음과 같습니다.

Dora the Explorer 시리즈

Curious George 시리즈

Arthur 시리즈

Little Critter 시리즈

Berenstain Bears 시리즈

Angelina Ballerina 시리즈

James Mayhew의 Katie 시리즈

Magic School Bus 시리즈

......

시리즈별로 전집을 한 번에 산 것은 아니고, 중고 서점에 들러 눈에 띌 때마다 몇 권씩 샀더니 시리즈마다 몇 권씩 부족하기는 하지만 거의 전집을 완성할 수 있었습니다.

특정 캐릭터가 주인공으로 등장하는 영어 그림책 시리즈에는 뚜렷한 장점 몇 가지가 있습니다.

첫째, 시리즈로 출간된 만큼 내용과 재미 모두 검증되었다고 볼 수 있습니다. 어떤 시리즈는 원작자가 세상을 떠난 후 자녀나 다른 사람이 캐릭터와 이야기 구조를 그대로 이어받아 계속 출간하는 예도 있습니다.

둘째, 이야기마다 익숙한 캐릭터가 등장하고 이야기 구조가 비슷해서, 이번 책에서는 어떤 사건이 벌어지고 어떻게 해결될지 궁금함을 자아냅니다. 이야기에 집중하게 되는 것이죠.

셋째, 영어 단어와 표현이 반복됩니다. 덕분에 엄마 아빠가 영어 그림책을 반복하여 읽어 주는 과정에서 언어적으로 반복 효과를 기대할 수 있습니다. 이와 관련된 에피소드가 있습니다. 만두에게 영어 그림책을 읽어 주다가 어느 순간부터는 문장의 마지막 단어나 표현을 일부러 읽어 주지 않았습니다. 예를 들면 『Curious George』의 모든 시리즈는 약간의 변화는 있지만 대체로 아래와 같은 문구로 시작합니다.

> This is George. He was a good little monkey and always very curious.

위 문장에서 마지막 curious를 읽지 않고 잠시 멈추는 것이죠. 그러면 딸아이는 기다렸다는 듯이 그 단어나 문장을 자기가 직접 말하곤 했습니다. 하도 반복하여 읽어 줬더니 특정 문장은 아예 외워버렸던 것 같습니다.

넷째, 시리즈마다 판형이 같아서 보관하기가 쉽습니다. 그래서인지 시리즈를 모두 수집하고 싶다는 생각에 더 열심히 중고 서점을 찾아 돌아다녔던 것 같습니다.

캐릭터 영어 그림책 시리즈 중 『Curious George』를 간단히 소개하고자 합니다. 『Dora the Explorer』 이후 한 권씩 샀던 시리즈로, 모두 28권(페이퍼 북 27권 + 하드커버 1권)을 구했습니다. 이

책은 서정적이고 따뜻한 그림이 특징입니다. 등장인물 혹은 동물들의 표정만으로도 뭔가 사건이 발생했다는 것을 알 수 있죠. 페이지별 문장의 수나 난이도의 배합이 적절하여 어린아이에게 반복해서 읽어 주기에 좋았고요. 그런데 이 책의 오랜 역사에 놀란 적이 있습니다. George 캐릭터를 고안한 Margret & H. A. Rey 부부가 초판을 출간한 건 1941년이라고 합니다. 그 후 80년 동안 수많은 책(번역본 포함)과 극장용·TV용 애니메이션으로 제작되어 지금도 미국 어린이들의 사랑을 받고 있지요. 『Curious George』를 읽으며 자랐는데 부모가 되어 자녀와 함께 다시 읽는 기분은 어떨까요?

한편 2018년에 개봉한 『램페이지(Rampage)』라는 영화가 있습니다. 정체불명의 가스에 노출된 흰색 고릴라와 야생 늑대와 악어가 거대 괴물로 변하여 시카고의 고층 건물들을 때려 부수는 오락 영화입니다. 만두가 유치원에 다닐 무렵 영화 채널에서 방영되는 것을 딸아이와 함께 보게 되었습니다(드웨인 존슨이 출연하는 영화라면 어린 딸과 봐도 괜찮지 않을까 했죠).

그런데 영화 앞부분에서 만두와 저는 눈을 마주치며 동시에 웃음을 터트리고 말았습니다. 영화 속 거대한 흰색 고릴라의 이름이 George였기 때문입니다. 그동안 수없이 읽어 왔던 영어 그림책 속 작고 귀여운 원숭이가 George인데, 거대한 고릴라의 이름도 George라니! 영화 제작자가 이런 유머를 심어 놓은 것인지는 알 수 없지만, 미국에서 나고 자라 『Curious George』를 아는 사람이라면 이 영화의 거대 고릴라의 이름이 George라는 것을 알고 웃지 않을 수 없을 것 같습니다.

> **중요한 건 개별 단어가 아니라
> 이야기의 흐름**

 만두는 세 살 무렵부터 집 밖에서 나름 사회생활을 시작했습니다. 집 근처 어린이 도서관과 장난감 도서관에서 여러 수업을 듣기 시작했고, 어린이집에도 다니게 된 것입니다. 딸아이는 이 세 곳을 무척 좋아했습니다. 일단 프로그램들이 알찼고, 반갑게 맞아 주시는 선생님과 여기저기에서 모여든 또래 친구들 덕분이었다고 생각합니다. 어린이집은 주말 빼고 매일, 도서관 두 곳은 프로그램만 개설된다면 평일이든 주말이든 상관없이 거의 빠짐없이 신청하였습니다.
 세 곳은 모두 유모차를 끌고 다니기에도, 대중교통을 이용하기에도 불편하다는 공통점이 있었습니다. 결국 편도 15분 정

도 걸리는 거리를 승용차로 다녀야 했습니다. 그런데 영어 환경이라는 측면에서 승용차를 이용해야 했던 것은 전화위복이 되었습니다. 차 안에서 카세트로 동요를, 라디오로 클래식 음악을 들을 수 있었기 때문입니다(왜 카세트냐고요? 연식이 오래된 차여서 CD나 MP3 플레이어가 없었습니다.)

당시에는 여기저기서 얻은 카세트테이프가 많았습니다. 작은 상자에 담아 아예 조수석 바닥에 싣고 다녔습니다. 이때 많이 들려준 것이 『Oxford Reading Tree』(ORT)와 영어 동요였습니다. 집에서는 영어 그림책을 소리 내어 읽어 줬다면, 자동차 안에서는 그림 없이 온전히 소리에만 집중할 수 있는 환경을 만들어 준 것이죠.

유치원(15분 거리)에 다닐 무렵에는 자동차를 바꾸면서 호흡이 긴 영어 소설들을 CD와 MP3로 들려줄 수 있게 되었습니다. 초등학교(30분 거리)도 승용차로 통학하고 있으니 3세 이후 만두의 영어 듣기는 모두 자동차 안에서 해결해 온 셈입니다. 하지만, 한동안 자동차 이외 다른 장소에서는 기계에서 흘러나오는 소리를 들려주지 않았습니다.

어린아이에게 영어 그림책을 읽어 줄 때는 책을 읽어 수는 사람이나 듣는 아이 모두 이야기의 흐름에 집중하는 게 중요합니다. 특히 아이가 어리다면 단어나 표현, 문장 하나하나에 집중하기보다는 중간에 끊지 않고 문맥을 따라가는 능력을 키워 주는 게 중요합니다. 그런데 자동차 안에서 듣는 영어 동요나 소설 음원의 최대 장점은, 중간에 끊임없이 계속해서 듣게 된다는 것입니다. 실제로 차 안팎의 소음으로 특정 부분을 놓쳐도 그 부분을 다시 듣기 위해 음원을 되감지 않았습니다. 아니, 그러지 못했습니다. 아이는 다음에 처음부터 다시 들을 때 못 들었던 부분을 듣고 이야기의 상황을 파악하더군요. 나중에 소개하겠습니다만 만두가 호흡이 긴 소설의 음원을 끊임없이 들을 수 있고, 그 후에도 처음부터 여러 차례 반복하여 들을 수 있었던 것은, 어렸을 적부터 이런 듣기 연습이 되어 있었기 때문이라고 생각합니다.

한편 영어 영상물이든 오디오북의 음원이든 뜻을 모르는 단어나 표현이 나오더라도 앞뒤 문맥을 통해 전체 흐름을 파악할 수 있다면, 단어나 표현을 몇 개 모른다고 문제 될 건 없습니다. 개별 단어나 표현의 뜻보다는 이야기의 전체 흐름을 파악하는 게 훨씬 중요합니다. 실제로 만두는 유치원에 다닐 때부터 극장에 가서 1시간이 훌쩍 넘는 영어 애니메이션을 관람하거나 그보다 긴 시간의 영어 오디오북을 듣고 내용을 파악하는 데 어려움이 없었습니다. 배가 고파서, 또는 화장실에 가고 싶어서 어쩔 수 없이 '일시 멈춤'을 눌러야 하는 상황을 진심으로 아쉬워

할 정도였습니다.

호흡이 긴 글을 중단 없이 읽는 것도 이와 비슷합니다. 단어의 뜻을 찾거나 단어들의 관계를 문법적으로 분석하느라 흐름을 끊지 않고 모르는 단어나 표현이 있더라도 문맥으로, 느낌으로 파악하고 넘어가는 능력이 중요합니다.

이야기의 흐름을 끊지 않는 게 중요하다고 설명할 때 언급하지 않을 수 없는 게 세이펜입니다. 이런 학습 도구는 왠지 전문가들이 고민해서 제작했을 것 같아 좀 더 특별해 보입니다. 어린아이가 혼자 세이펜으로 능숙하게 그림이나 단어를 찍고 세이펜에서 나오는 소리를 따라 하기라도 하면 절로 감탄이 나옵니다. 그러나 아이는 세이펜이 들려주는 청각적 자극에 반응하는 것일 뿐, 그 이상도 그 이하도 아닐 수 있다고 생각합니다.

특히 세이펜은 전용 그림책에서만 작동하죠. 세이펜을 능숙하게 다루는 어린아이가, 일반 그림책에서는 세이펜이 작동하지 않자 그 책을 옆으로 치우는 걸 본 적이 있습니다. 그 아이는 책을 읽으며 세이펜을 이용한 게 아니라, 세이펜의 청각적 자극에만 반응하고 있었던 게 아닐까요? 오히려 세이펜 같은 학습 도구가 그림책 속 이야기의 흐름을 따라가는 것을 방해하고, 개별 단어나 문장에 집착하게 하는 건 아닌지 걱정하게 됩니다.

> **저도 아이에게 영어 영상물을
> 보여 주긴 했습니다만**

어린아이를 품에 안고 영어 그림책을 소리 내어 읽어 줬다고 하면, 영어 영상물은 전혀 안 보여 준 것이냐는 질문을 받습니다. 만두한테도 영어 영상물을 보여 주긴 했습니다. 아이는 세 살 무렵부터 TV로 영상물을 보기 시작했는데요, 당시 올레 TV에서 무료로 시청할 수 있던 애니메이션들이었습니다. 『Dora the Explorer』 시즌 1과 시즌 2(영어), 『로보카 폴리』(영어, 한국어), 『꼬마버스 타요』(한국어) 정도였습니다.

'에이, 세 살이면 만두 아빠도 일찍 영상을 보여 줬네'라고 생각하시는지요? 잠시 이전 글들을 떠올려 주시기 바랍니다. 영상을 보여 주기 전 두 가지 선행 환경이 있었습니다. 15개월 무렵부터 만두에게 보드 북을 읽어 줬고, 22개월 무렵부터는 『Dora the Explorer』 시리즈의 그림책을 시작으로 다양한 캐릭터 영어 그림책을 읽어 준 것이었죠. 그리고 세 살 무렵에는 어린이 도서관과 장난감 도서관에서 수업을 듣고 어린이집에도 다니게 되었다고 말씀드렸습니다. 세 살 무렵부터 본격적으로 영어 영상물을 시청하기 전에 아이는 엄마 아빠와 함께 영어 그림책을 읽는 게 이미 중요한 일상이었고, 좋아하는 집 밖 활동이 있었던 것입니다.

엄마와 아빠가 아이를 안고 영어든 한국어든 그림책을 읽어 준다고 즉각적인 반응이 있는 건 아닙니다. 그러나 꾸준히 읽어 주다 보면, '아이가 엄마 아빠와 함께 그림책 읽는 것을 좋아하는구나!' 하는 느낌이 강하게 옵니다(그림책을 꾸준히 읽어 주는 엄마와 아빠만이 가질 수 있는 특권입니다). 이 느낌에다가 관심을 보이고 좋아하는 활동이 생겼으니, 그 외 다른 자극이 웬만큼 강하지 않고서는 딸아이의 관심을 뺏어 갈 수는 없다고 확신한 것이죠.

모니터나 스마트 기기 같은 영상 기기에서 뿜어져 나오는 시각적·청각적 자극은 의외로 강합니다. 어른의 기준으로는 산잔하고 단순해 보이더라도 아이가 어릴수록, 특히 영유아에게는 큰 자극입니다. 문제는 책이나 영상 중 하나가 선택되어야 할 때입니다. 영상이 주는 여러 자극과 달리, 책은 아무런 자극이 없습니다. 흰 종이에 검은 글자 그리고 그림도 움직임이 전혀 없죠. 책을 읽는다는 것은 그림이나 글자가 담고 있는 이야기를 읽는 것인데요, 영상은 이런 복잡한 과정이 필요 없습니다.

『Dora the Explorer』처럼 영상과 그림책을 모두 구할 수 있는 '페퍼 피그'라는 캐릭터가 있습니다. 그런데 영상으로 보는 「페퍼 피그」와 그림책으로 보는 『페퍼 피그』는 전혀 다릅니다. 영상과 그림책 모두 등장인물이 같고 내용이 같은데 무슨 차이가 있냐고 생각한다면, 그건 어른의 시각일 뿐입니다. "영상과 그림책 중 어떤 '페퍼 피그'를 볼래?"라고 물으면 아이는 영상을 선택하려고 할 것입니다. 어린아이에게는 움직임이 있느냐 없느냐가 굉장히 중요하니까요. 그림책보다 영상물에 먼저 익숙해진 아이는 그림책 읽기의 재미를 알아가는 데 어려움을 겪을 수 있다고 생각하는 이유입니다.

하지만, 어렸을 적부터 그림책 속 그림을 볼 줄 알고, 엄마 아빠가 읽어 주는 이야기의 재미를 알게 된 아이라면 웬만해선 영상 매체가 주는 일시적인 시각적·청각적 자극에 쉽게 빠져들지 않습니다. 물론 책과 영상이 둘 다 아이 앞에 놓여 있다면 처음엔 영상으로 손이 가겠지만, 다시 책으로 돌아옵니다. 책 속 이야기가 주는 종합적인 재미가 영상 매체가 주는 일시적인 자극보다 훨씬 강하기 때문입니다.

　디지털 영상 시대를 살아가야 하는 아이들이지만, 엄마 아빠가 읽어 주는 그림책과 그 이야기의 재미에 먼저 눈을 뜨게 해 주시기 바랍니다. 엄마 아빠와 함께 읽는 책 속 이야기의 즐거움을 아는 아이는, 나중에 따로 독서 습관을 기르기 위해 고생한다거나 과도한 스마트 기기 사용으로 부모의 마음을 썩이는 일은 없을 것입니다.

　어린아이에게 영상을 보여 줘야 한다면, TV 화면 → 컴퓨터 모니터 → 스마트 패드 → 스마트폰 순으로 보여 주는 게 좋습니다. 이 순서는 영상 매체의 크기와 관련이 있습니다. TV는 개방된 공간에 설치되어 있어서 아이가 어떤 프로그램을 시청하는지, 시청 시간은 얼마나 되는지, 프로그램에 출연하는 사람(캐릭터)은 누군지 등을 주변 사람들이 쉽게 알 수 있습니다. TV를 시청하는 동안이나 시청이 끝난 후에 이야기를 나눌 수도 있고요. 제한적이나마 상호 작용이 가능한 것이죠.

　영상 매체의 크기가 작아질수록 아이가 뭘 시청하는지 알기가 쉽지 않습니다. 더구나 방 안에 들어가거나 이어폰이라도 사용한다면 더더욱 알 수 없게 됩니다. 아이만의 공간이 형성되고 엄마 아빠와의 상호 작용은 어려워집니다.

　어린아이가 영상물을 시청할 때는 엄마 아빠가 쉬는 시간이나 다른 일을 하는 시간으로 여기지 마세요. 엄마든 아빠든 어른이 그 옆에서 같이 시청하는 게 좋습니다. 아이가 영상물을 시청하는 동안 혹은 시청 후에라도 반드시 아이와 상호 작용하는 걸 잊지 마시길 바랍니다. 아이의 영상물 시청 환경도 엄마 아빠가 노력해야 하는 것 중 하나입니다. 첫 단추를 잘 끼워 놓으면 나중에 그때 참 잘했다고 생각하실 겁니다.

"Water please, mommy's water!"

지금은 어떤지 모르겠습니다만, 예전에는 12개월 미만 영유아의 비행기 탑승은 목적지와 상관없이 무료였습니다. 출산과 육아로 지친 아내를 위로할 겸, 비행기 탈 일을 만들고 싶더군요. 이왕이면 아이가 12개월이 지나기 전에 해외로!

하지만 해외 출장길에 좁은 비행기 안에서 몇 시간씩 목청껏 울어대던 어느 아기가 생각나 비행시간이 짧은 제주도에 다녀오기로 했죠. 결과적으로 옳은 선택이었습니다. 만두는 제주도 여행에 대해서 하나도 기억하지 못하거든요. 12개월도 안 된 아기를 데리고 외국에라도 나갔더라면 추억은커녕 짐을 잔뜩 끌고 다니느라 엄마 아빠도 힘들었을 테고 아기도 이래저래 힘들었을 것입니다. 해외여행은 아이가 좀 더 크고 의사 표현이 원활해진 후 다녀오는 게 여러모로 좋은 것 같습니다.

    35개월쯤 아이의 한국어 수다가 부쩍 늘었을 때였습니다. 영어도 제법 알아듣고 짧은 문장 정도는 곧잘 말하는 걸 보니 영어를 사용하는 국가에 한번 가 보고 싶었습니다. 그동안 아이의 영어 환경은 엄마 아빠의 영어 그림책 읽어 주기와 TV 애니메이션 시청뿐이었는데, 새로운 영어 환경 속에서 아이가 어떤 반응을 보일지 궁금했거든요.

    그렇게 해서 선택한 여행은 필리핀 세부에 5일 정도 머물다 오는 것이었습니다. C 리조트는 네 살 아이의 물놀이에 적당한 규모인 것 같았고, 아이를 돌보는 서비스가 있어서 만두의 새로운 영어 환경으로도 좋을 것 같았습니다. 그동안 아이가 필리핀 영어를 겪어 본 적은 없었으니까요. 야외 수영장과 아이 돌봄 시설을 번갈아 이용하면 좋겠다 싶었죠.

    밤늦게 인천국제공항을 출발하여 필리핀 세부에 도착한 것은 새벽이었습니다. 객실에서 비몽사몽 지내다가 점심때가 되어 리조트 내 식당을 찾았을 때였습니다. 세 식구가 테이블에 앉아 주문한 음식을 기다리는 동안, 아내가 유리잔의 얼음물을 거의 다 마셨습니다. 바로 그때 제 귀를 의심하는 만두의 외침이 들렸습니다.

딸　(엄마의 빈 잔을 보더니) Water please, mommy's water!

아빠·엄마　(동시에) 여보, 들었어?

"엄마한테 물 좀 더 가져다주세요!"라고 말한 것이죠. 상황에 맞는 표현을 사용하기도 했고, 필리핀에 가면 영어로 말해야 한다고 말해 준 적도 없는데, 이미 아이가 알고 있다는 두 가지 사실에 놀라지 않을 수 없었습니다.

만두가 태어나기 전부터 아기에게 영어 그림책을 소리 내어 읽어 주자고 마음은 먹었지만, 효과가 있을지는 몰랐습니다. 얼핏 보면 엄마 아빠가 어린아이에게 영어 그림책을 소리 내어 읽어 주는 것과 아이의 영어 능력이 발달하는 것은 직접적인 관계가 없는 것 같았으니까요. 하지만 딸아이를 품에 안고 영어 그림책을 읽어 주다 보니, '이건 영어 그림책을 읽어 줬기 때문에 나타난 변화야'라고 느껴질 때가 있었습니다. 이런 느낌은 시간이 지날수록 잦아지더군요.

사실 어린아이에게 영어 그림책을 소리 내어 읽어 주는 건 쉽지 않습니다. 체력적으로도 그렇고, 아이가 "재미있어요"라고 의사를 표현하는 것도 아니라서 '내가 잘하고 있는 건가?'라는 의문이 계속 들게 됩니다. 그래서인지 5~6년 동안 만두 엄마와 함께 물을 마셔가며 딸아이를 품에 안고 영어 그림책들을 소리 내어 읽어 줬다고 하면, "만두 엄마와 아빠는 참 대단하다"라는 소릴 자주 듣는 것 같습니다. 만두에게 주말 내내 영어 그림책을 소리 내어 읽어 주다가 몸살 나는 건 다반사였다고 하면 믿으실 수 있는지요?

그런 힘은 도대체 어디서 난 것인지 설명하기는 쉽지 않습니다. 하지만 아이의 영어에 크고 작은 변화가 느껴질 때마다, 아무리 힘들어도 다시 아이를 안고 영어 그림책을 펼치게 되더군요. 어느 순간부터는 아이가 먼저 영어 그림책을 들고 와 제품에 안기며 읽어 달라고 하는데, 거부할 수 없었습니다. 이번에 읽어 주는 영어 그림책이 아이에게 또 어떤 변화를 가져다줄지 모른다고 생각하게 되니까요.

한편 세부의 C 리조트에서 5일 내내 아이는 수영장에서 물놀이하다가 아이 돌봄 시설에서 선생님들과 놀기를 반복했습니다. 그 시설에서 근무하는 분들은 아동 교육을 전공하는 대학생들이었는데요, 만두는 체크아웃 직전까지 대학생 선생님들과 알차게 지냈습니다. 리조트를 떠나기 전, 그 선생님들이 들려준 이야기는 대략 이랬습니다.

"아이를 동반한 한국인 가족이 아이 돌봄 시설을 많이 찾는다. 그런데 의사소통이 되지 않아 아이 혼자 색칠하기나 블록 쌓기를 하다가 때가 되면 엄마 아빠가 데려가는 경우가 많다.

하지만 만두는 선생님들이 하는 말을 다 알아듣고 선생님들이 지도하는 유아 활동도 잘 따라 해서, 리조트 내 다른 직원들 사이에서도 인기가 많았다."

그제야 저는 복도에서 만나는 직원들이 만두에게 밝게 인사한 이유를 알게 됐습니다. 아무튼 그곳 선생님들로부터 딸아이와 영어에 대해 이런 피드백을 받고 나니, 그전까지 영어 그림책을 소리 내어 읽어 주느라 힘들었던 기억은 싹 잊어버리게 되더군요. 그리고 앞으로도 중단 없이 영어 그림책을 소리 내어 읽어 줘야겠다고 다짐했습니다. 부모로서 아이의 영어 발달에 어떤 작은 변화를 일단 느끼게 되면 절대 멈출 수 없는 게 영어 그림책 소리 내어 읽어 주기입니다.

4부 아이의 영어 기초 다지기

어린이집 시기(4~5세)

> **만두 엄마가 처음부터
> 영어 그림책을 읽어 준 건 아닙니다**

만두 엄마와 제가 처음부터 영어 그림책을 잘 읽어 줬을 거라고 생각하실지도 모르겠습니다. 저야 이런저런 경험과 고민이 있었으니 영어 그림책을 읽어 줘 보자고 했지만, 만두 엄마의 생각은 달랐습니다. 아이 뒷바라지하고 한국어 그림책 읽어 주는 것만으로도 힘이 드는데, 영어 그림책까지 읽어 줘야 하느냐는 거였죠.

만두 엄마의 이런 반응에는 두 가지 이유가 있었던 것 같습니다. 일단 기저귀 찬 영유아에게 영어 그림책을 읽어 준들 이해하겠느냐고 생각한 것 같습니다. 또, 자신은 영어를 잘 하지 못하는데다가 다시 처음부터 공부하기는 힘들다고 생각한 것 같습니다. 무엇보다도 영어 발음에 자신이 없었던 것입니다. 이때만 하더라도 저 역시 아이의 영어 환경과 영어 그림책의 관계를 명확하게 설명하지 못했기 때문에, "그럼 영어 그림책은 내가 전담할 테니 당신은 신경 쓰지 말라"고 했습니다.

일단 평일 저녁과 주말이면 만두를 품에 안고 영어 보드 북을 소리 내어 읽어 줬습니다. 이때 읽어 줬던 보드 북이 에릭 칼의 Bear 시리즈 세 권이었죠. 그런데 어느 순간인가 만두한테서 영어 보드 북과 관련이 있는 변화가 감지되더군요. 예를 들면 이런 겁니다. 주말 아침에 잠이 덜 깬 상태로 거실 바닥에 앉아 있는데, 만두가 저를 향해 걸어오더니 제 품에 털썩 앉더군요. 한 손에는 바닥을 끌며 가지고 온 에릭 칼의 보드 북이 들려 있었고요. 책을 읽어 달라는 뜻이었던 겁니다. 아빠가 읽어 주는 영어 보드 북이 재미없었다면 만두가 과연 그런 행동을 했을까요? 뭔가 흥미를 끄는 게 있으니까 그런 행동을 했던 것이겠죠. 이런 만두의 변화를 함께 목격한 만두 엄마도 영어 그림책을 읽어 주겠다고 하더군요. 엄마의 마음을 움직인 것은 남편의 설득보다도 아이가 직접 보여 준 변화였던 셈입니다.

영어 보드 북이든 그림책이든 마지막 페이지를 덮을 때끼지 영어 문장을 그대로 소리 내어 읽어 주기만 했다고 하면, 이미 한국어에 익숙해진 아이에게 영어 그림책을 읽어 주는 건 다르지 않으냐는 질문을 받게 됩니다. 엄마 아빠가 영어 그림책을 미리 예습이라도 해 놓아야 아이가 상황이나 특정 단어에 관해 물어보더라도 대처할 수 있지 않겠냐는 것이죠. 그리고 아이의 질문으로 영어 그림책의 흐름이 쉽게 끊어진다고 하시는 분도 많습니다.

영어 그림책을 읽어 주는데 아이가 단어의 뜻을 묻는다면, 그 단어의 뜻은 조금 더 읽어 보고 생각해 보자고 한다든가 오히려 아이에게 그 단어의 뜻은 뭐라고 생각하는지를 물어보겠습니다. 물론 모두 한국어로 대화하는 것이죠. 엄마 아빠가 아이에게 영어 그림책을 읽어 주는데 '이렇게 저렇게 해야 한다' 같은 규칙은 없습니다. 왜 영어 그림책을 읽어 줘야 하는지, 영어 그림책 속 이야기의 흐름을 끊지 않는 게 왜 중요한지를 잘 이해하신다면, 상황에 따라 대처 방법은 달라질 수 있습니다.

한편 만두에게 영어든 한국어든 그림책을 읽어 준 보람이자 최대의 성과라고 한다면, 그림책을 매개로 형성된 '아이와의 유대감'입니다. 그건 정말 천만금을 주어도 바꿀 수 없는 보물입니다. 초등학교 입학 전후로 오디오북을 청취하는 것이 책 읽기만큼 일상이 되었고 아이 혼자 곧잘 영어책을 읽을 수 있게 되었지만, 졸리거나 피곤하면 만두는 여전히 책을 들고 와 저에게 읽어 달라고 하더군요.

딸 (졸린 눈을 비비며) 아빠, 영어책 좀 읽어 줄래?

아빠 오디오북으로 듣는 건 어때? 성우가 더 멋지게 잘 읽어 주잖아. 아빠가 좀 피곤하기도 하고…….

딸 난 아빠가 영어책을 읽어 주는 게 제일 좋은 걸. 오디오북 성우들도 잘 읽지만 난 아빠 목소리로 듣는 게 더 편해서 좋아.

그 어느 아빠가 책을 읽어 달라는 딸의 요청을 거부할 수 있을까요? 아이의 영어 능력도 능력이지만, 저는 아이와의 강한 유대감을 말씀드리지 않을 수 없습니다. 그건 바로 딸아이를 품에 안고 보드 북부터 꾸준히 그림책을 읽어 준 결과입니다.

> '항아리 이론'을
> 아시나요?

    특정 주식의 매수·매도 시점을 주식 전문가가 콕 집어 주면 편할 것 같습니다. 하지만 주식에 대한 기본적인 이해 없이 전문가 말만 믿고 주식 시장에 발을 들여놓았다가는 자칫 낭패당할 수도 있습니다. 아이 교육, 특히 어린아이의 영어도 비슷하다고 생각합니다. 영어 전문가가 다양한 자료와 이론을 제시하며 '아이의 영어는 이렇게 저렇게 하시면 됩니다'라고 조언해 줄 순 있습니다. 하지만 아이가 언어를 습득하는 과정과 원리를 잘 이해하는 엄마 아빠가 아이에게 가장 적합한 영어 환경을 찾아 만들어 주고 유지하는 것에 견줄 바는 아닙니다. 아이가 영어 내공을 쌓기 위해서는 오랜 시간이 필요한데, 그 시간 동안 흔들림 없이 기다릴 수 있으려면 엄마 아빠의 확고한 원칙이 있어야 하니까요.

'항아리 이론'이라고 들어 보셨는지요? 처음이시죠? 네, 당연합니다. 만두 아빠가 만들어 낸 이름이니까요.

눈앞에 아이의 키만 한 항아리가 있다고 상상해 보시기 바랍니다. 여러분은 지금부터 그 큰 항아리를 물로 채워야 합니다. 난생처음 해 보는 일이어서 물을 얼마나 자주 부어야 채워질지 전혀 감이 없는 상태입니다. 한 가지 분명한 것은, 꾸준히 부으면 항아리의 크기가 아무리 크더라도 언젠가는 채워진다는 것입니다. 하지만 항아리를 물로 채우는 과정과 원리를 이해하지 못하거나 채워진다는 확신이 없으면, 물을 붓다 말고 중간중간 괜히 안을 들여다본다든가, 다른 사람들은 어떻게 항아리를 채우는지 곁눈질하게 됩니다. 정작 내 항아리에는 집중하지 못하는 것이죠. 옆집 항아리는 잘 채워지는 것 같은데, 우리 집 항아리는 왜 이리 더딘지 괜히 조바심을 내기도 합니다.

언젠가 채워지고 넘치게 된다는 확신이 있으면, 시간이 걸리더라도 흔들림 없이 물을 채워 갈 수 있습니다. 물이 차기 시작한 항아리가 묵직해지는 걸 느끼기라도 한다면 더욱 힘을 내게 될 테고요. 엄마 아빠가 어린아이에게 영어 그림책을 꾸준히 읽어 주는 건 아이라는 커다란 항아리에 물을 채우는 것과 같습니다. 어린아이에게 영어책이든 우리말 책을 읽어 주는 동안 혹시 '내가 지금 뭐 하고 있는 거지?', '내가 지금 잘하고 있는 걸까?' 같은 생각이 든다면, 만두 아빠의 '항아리 이론'을 떠올려 주시기 바랍니다. 그림책을 읽어 준다고 당장 어떤 효과가 나타나는 건 아닙니다. 항아리 밑바닥부터 조용히 채우는 지난한 과정이 될 수 있습니다.

한편 콩이 메주가 되고 메주가 된장이 되기 위해서는 발효에 필요한 시간을 기다려야 합니다. 메주를 쑤는 사람이 조바심내고 서두른다고 발효 시간이 줄어드는 건 아니죠. 메주를 쑤는 사람은 엄마 아빠이고, 콩은 아이의 언어입니다.

결론적으로 어린아이에게 그림책을 읽어 줄 때는 엄마와 아빠의 의도와 계획보다는 아이가 기준이 되어야 한다고 생각하시면 편합니다. 아이가 원하는 책을, 아이가 원하는 시기에, 아이가 원하는 만큼 읽어 준다고 생각하는 것이죠. 그리고 하루에 몇 권을 읽어 주겠다는 목표 같은 것은 부모나 아이 모두에게 자칫 부담으로 다가올 수 있습니다. 목표량을 채워야 한다는 생각에 책 읽기에 관한 거부감만 키울 수 있습니다. 아이의 반응이 신통치 않다든가, 엄마 아빠가 너무나 피곤하다면 영어책 읽기는 쉬어 가도 됩니다.

한 가지 더! 어린아이의 책 읽는 환경을 생각해 보시기 바랍니다. 아이가 엄마 아빠와 읽는 그림책 속 이야기의 즐거움을 알기 전까지는 영상과 장난감은 아이의 눈에 안 띄게 치워 두시는 게 좋습니다.

지금까지 만두에게 당장 읽어 주거나 앞으로 읽어 주고 싶어 중고 서점에서 샀던 영어책(보드 북, 리더스 북, 챕터 북, 소설 및 만화, 백과사전 등)은 1,836권이고 구매 비용은 총 4,225,912원입니다. 리더스 북·챕터 북과 소설로 한정하면, 각각 937권(총 1,921,090원)과 746권(총 1,680,652원)입니다. 그동안 만두의 영어 환경은 80퍼센트 이상 영어책으로 만들었기 때문에 현재와 같은 만두의 영어 실력을 키우는 데 쓴 비용은 대략 400만을 약간 웃도는 수준이라고 봐도 무방합니다.

이렇게 사 모은 영어책들은 모두 소장하고 있습니다. 아이를 언어적으로 자극하려면 언제든지 다시 읽어 주거나 혹은 아이 스스로 읽을 수 있게 하는 데 필요하기 때문이죠. 이 밖에도 도서관에서 대출하여 읽어 준 책도 2,000권 정도는 되지 않을까 생각하는데요, 대출했던 그림책들은 언어적인 자극보다는 유명 아동 문학상을 받았다든지 그림이 예쁘다든지 등의 이유로 아이에게 한 번은 보여 주고 싶었던 그림책들입니다. 굳이 집에 소장하여 반복적으로 보여 줄 필요는 없다고 생각한 책들이었습니다.

> **영어 그림책을 읽어 주는
> 6가지 원칙**

영유아 때부터 초등학교 입학 무렵까지 아이에게 영어 그림책을 소리 내어 읽어 줬던 경험을 되돌아보면 크게 여섯 가지 원칙이 있었던 것 같습니다.

① "네가 좋아하는 책을 읽어 줄게"

만두가 유독 몇몇 영어 그림책만 반복해서 읽어 달라고 하던 시기가 있었습니다. 『백설 공주』, 『신데렐라』, 『잠자는 숲속의 공주』, 『인어공주』, 『공주와 개구리』 등 공주가 등장하는 디즈니의 영어 그림책들과 몇몇 국내 창작 공주 그림책들만 읽어 달라고 했던 것입니다. 이렇게 매일 같은 책만 읽어 줘도 될지 걱정이 되어 은근슬쩍 다른 그림책을 뽑아 들이밀어도 봤지만, 아이는 완강하게 공주 책만 읽어달라고 하더군요.

할 수 없이 아이가 원하는 대로 공주 시리즈만 읽어 줬는데요, 결과적으로 그렇게 한 것은 아이의 영어 발달에 매우 긍정적인 효과가 있었습니다. 비슷한 단어와 표현들이 비슷한 상황 속에서 반복되었기 때문입니다. 아빠의 책 읽기를 조용히 듣고 있던 만두는 이야기의 맨 마지막에 가서는 기다렸다는 듯이 아빠와 동시에 "They lived happily ever after!"를 외치곤 했습니다. 공주 이야기들은 대부분 "Once upon a time"으로 시작해서 "They lived happily ever after"로 끝나잖습니까.

한편 이야기를 하도 들어 지겨워졌는지, 공주 시리즈에 대한 딸아이의 관심은 그 후 얼마 안 있어 줄어들었습니다.

② "네가 원하면 몇 번이고 읽어 줄게"

방금 읽어 줬는데도 만두는 처음부터 다시 읽어 달라며 앞쪽으로 책장을 되돌려 넘기기 일쑤였습니다. 그전에도 여러 차례 읽어 줬기 때문에 이미 내용을 다 알고 있을 텐데 지겹지도 않은지 앉은 자리에서 또 읽어 달라고 하다니……. 그날도 무슨 생각이었는지 얇은 그림책을 다 읽기가 무섭게 "또!"를 연거푸 외치더군요. 몇 번이나 읽어 달라고 하는지 세어나 보자고 메모

지에 '바를 정(正)'을 써 봤습니다. 정(正)자를 세 개나 적게 되더 군요. 책이 얇고 문장이 길지 않아서 얼마나 다행이었는지 모릅니다.

반복되는 아이의 이런 요구에도 만두 엄마와 저는 그냥 읽어 줬습니다. 그렇게 함으로써 만두에게 영어 단어와 표현이 반복적으로 노출되고 결국 그게 실력이 된다는 것을 잘 알고 있었기 때문입니다.

③ "네가 원하면 언제든지 읽어 줄게"

아침에 일어나든 낮잠 자고 일어나든 딸의 활동이 시작되면 슬쩍 영어 그림책을 집어 들고 "영어책 읽어 줄까?" 하며 아이를 품에 끌어안았습니다. 그대로 그림책 읽기가 시작되기도 했지만, 조금이라도 거부하는 모습을 보이면 얼른 책을 치우는 경우도 많았습니다. 그리고 그냥 아이가 하자고 하는 것을 했죠. 하지만 할 만큼 했다 싶으면 또 은근슬쩍 "영어책 읽어 줄까?" 하며 아이를 품에 끌어안았고요. 만두에게 책을 읽어 주는 시간이 따로 정해져 있지는 않았습니다. 아이의 컨디션을 봐 가면서 눈치껏 책을 들이밀었습니다.

하지만 잠자리에서 영어든 한국어든 그림책을 읽어 주는 건 좀처럼 생략하지 않았습니다. 미국 영화에는 자려고 누워 있는 아이 옆에서 엄마 혹은 아빠가 책을 읽어 주는 장면이 많이 나옵니다. 'bedtime story', '잠자리 독서'라고 하더군요. 포근한 잠자리에 누워서 듣는 엄마 아빠의 이야기라니. 잠들기 전, 엄마 아빠의 목소리로 그림책 속 이야기를 듣는 시간은 딸아이가 하루 중 가장 기다리는 시간이 아니었을까 싶습니다.

④ "너의 속도에 맞출게"

영어책이든 한국어 책이든 그림책을 읽어 줄 때, 아이가 책 속 이야기의 세세한 내용을 모두 이해하리라고는 기대하지 않았습니다. 다만 이야기의 재미를 충분히 즐길 수 있도록 천천히 읽어 줬고, 무슨 생각인지 아이가 책장을 앞뒤로 넘기기라도 하면 하고 싶은 대로 할 수 있도록 기다려 줬습니다. 아이에게 읽어 줄 책의 권수나 독서 시간의 목표량이 있었다면, 아마 그 기준을 따르느라 기다려 주지 못했겠죠.

⑤ "네게 들려줄 이야기를 촘촘하게 준비해 둘게"

지금 당장은 아이의 수준에 맞지 않아도 앞으로 읽어 주고 싶은 영어 그림책이 보이면 미리 구매해 놓았습니다. 그리고 적당한 시기라고 생각되면 "아빠가 이 책 한번 읽어 줄까?" 하며 슬쩍 들이밀었죠. 만약 조금이라도 거부하는 반응이 보이면 아직 때가 이르다고 생각하여 얼른 치웠고, 조금이라도 관심을 보이면 비슷한 수준의 영어 그림책들로 읽어 주기 시작했습니다. 이런 식으로 다양한 소재와 난이도의 책들을 미리 준비하였다가 때가 되었다고 생각되면 변화를 줬습니다.

아이가 이제 몇 개월이니까, 혹은 몇 살이니까 이 정도 책은 읽어 줘야 한다고 생각하시나요? 그건 어린아이에게 그림책을 읽어 주는 이유를 명확히 이해하지 못했다는 뜻입니다. 영어 그림책을 읽어 주는 이유는 책 속의 어떤 지식이나 교훈을 전달하려는 게 아닙니다. 다양한 영어 그림책 속의 이야기를 접하면서 아이의 언어 발달에 자극을 주려는 것입니다. 책 속의 지식이나 교훈은 나중에 초등학교에 입학하고 스스로 책을 읽으면서 얻기 시작해도 전혀 늦지 않습니다.

만두가 언제 다시 읽어 달라고 할지 몰라 소장하기 시작한 영어 그림책들은 완전 영유아용 아니면 아직도 집안 곳곳에 꽂혀 있습니다. 언제 만두가 직접 빼 볼지 모르고, 옛날 생각이 나 아빠한테 읽어 달라고 할지 모르니까요.

⑥ "다양한 버전으로 읽어 줄게"

『미녀와 야수』를 아시죠? 우리나라에서는 디즈니 애니메이션을 통해 널리 알려지게 된 것 같습니다만, 원래는 프랑스의 동화입니다. 두 버전에는 크고 작은 차이가 있는데요, 디즈니에서는 주인공 벨이 괴짜 과학자의 외동딸로 나오는데, 프랑스 원작의 벨은 무역 회사 사장의 셋째 딸입니다. 언니가 둘이나 있죠.

만두에게는 디즈니 애니메이션을 기초로 한 『미녀와 야수』 외에도 프랑스 원작을 기초로 한 『미녀와 야수』도 읽어 줬습니다. 무슨 말인가 하면, 예전에 이미 여러 번 읽어 준 이야기여서 아이가 이야기의 줄거리를 잘 알고 있더라도, 출판사가 다르거나 다른 버전이 있으면 또 읽어 줬던 것입니다. 이야기를 한 가지 버전으로만 기억하는 것도 좋지만, 같은 제목의 이야기더라도 다양한 접근이 가능하다는 것을 알려 주고 싶었고, 비슷한 상황을 다르게 묘사하는 그림책들을 읽어 주면 아이에게 언어적으로 좋은 자극이 되리라 기대했기 때문입니다.

"딸, 그런 단어의 뜻은 어떻게 알아?"

만두가 다섯 살이었을 때 성수동에 있는 서울숲에 다녀온 적이 있습니다. 공원에는 바닥이 드러난 개울 위로 아치 형태의 출렁다리가 있었는데요, 딸아이 또래 아이들이 익숙하게 건너다니고 있었습니다. 무엇이든 일단 "만두가 해 볼래!"를 외치던 때여서 아이는 자기도 출렁다리를 건너 보겠다며 양손으로 줄로 된 난간을 잡고는 출렁거리는 디딤판에 한 발씩 내딛더군요. 저는 출렁다리 바깥에서 따라 걷고 있었습니다. 그런데, 중간쯤 건너던 아이가 혼잣말로 "왜 이렇게 워블거리지……"라고 말하는 걸 들을 수 있었습니다. '응? 뭐라고? 워블이라고?'

우리말을 하면서 가끔 명사나 형용사를 영어 단어와 섞어

쓰곤 했지만, 워블이라니? 아내에게 아이를 맡겨 놓고는 얼른 스마트폰을 꺼내어 이리저리 알파벳을 조합하며 워블을 찾아보았습니다. 그렇게 해서 찾아낸 단어는 '(불안정하게) 흔들리다, 흔들다, 떨다'라는 뜻의 'wobble'이었습니다. '어라? 만두가 이런 단어는 어떻게 알지?'

당시 저는 한국어든 영어든 딸아이가 내뱉는 웬만한 어휘는 어떤 책에서 나왔는지 대충 알고 있었습니다(이게 무슨 뜻인지 아이에게 책을 많이 읽어 주는 분들은 아실 겁니다). 하지만 wobble은 어떤 책에서 나왔는지 선뜻 떠오르지 않았는데요, 며칠 후 만두가 읽어 달라며 들고 온 영어책에서 wobble을 발견할 수 있었습니다!

『My Tooth Is About to Fall Out』(Scholastic, 2003)이라는 리더스 북이었습니다. 그전까지 제가 읽어 준 누적 횟수만 열 번도 넘었던 책이었죠. 만두 엄마가 따로 읽어 준 횟수도 아마 비슷하지 않았을까 생각합니다. 이 책의 첫 장을 펼치니 바로 'It wobbles'라는 문장이 보이더군요. '이가 (빠지려고) 흔들린다'라는 뜻입니다. 그런데 이 책에서 wobble은 '이가 흔들린다'라는 뜻으로 쓰였는데, 아이는 어떻게 '다리가 줄렁거린다'라는 뜻으로 연결한 것일까요? 책을 읽어 준 엄마 아빠도 뜻을 모르는 단어였으니 '뭔가 불안정하게 흔들릴 때 wobble이라고 하는 거야' 같은 설명은 해 준 적이 없는데 말이죠.

wobble이 나오는 책들을 좀 더 찾아보기로 했습니다.

『Best Friends Wear Pink Tutus』(Scholastic, 2003)에는 'Emily acts dizzy and wobbles'라는 문장이 보였습니다. '어지러운 듯 Emily가 (불안정하게 중심을 못 잡고) 비틀거린다'는 뜻입니다.

『Slip! Slide! Skate!』(Scholastic, 2006)에는 'My feet feel wobbly'라는 문장이 있었습니다. '(스케이트를 신은 채 일어서니) 다리가 (불안정하게) 떨린다'는 뜻이고요.

『The Midnight Ghosts』(Usborne, 2005)라는 책에는 '⋯ wobbly lines began to appear on its pages⋯⋯'라는 문장이 있었습니다. '페이지마다 (불규칙하게) 꾸불꾸불한 선이 하나둘 나타나기 시작했다'는 정도로 해석됩니다.

『Molly's Magic Carpet (Usborne, 2008)』에는 '⋯ it said in a wobbly voice'라는 문장이 있었는데요, '(불안한 듯) 떨리는 목소리로 말했다'로 해석할 수 있습니다.

일단 wobble이 동사로 쓰인 두 권과 형용사 wobbly가 쓰인 세 권을 찾을 수 있었습니다. 권당 최소 다섯 번 이상, 많게는 열 번 이상 만두에게 읽어 줬던 책들에는 모두 '뭔가 (불안정하게 혹은 불규칙하게) 흔들린다, 비틀거린다, 떨린다'와 같은 상황이 이야기와 그림으로 반복되고 있었습니다. 아이는 wobble의 뜻을 이렇게 느낌으로, 이미지로 기억하게 된 게 아닐까요?

아, wobble은 챕터 북인 『Magic Tree House』 시리즈의 첫 번째 책인 『Dinosaurs Before Dark』에서도 'Jack tried to stand. His legs were wobbly'라는 문장에 쓰였더군요. '일어서려고 했지만, 잭의 다리는 떨리고 있었다' 정도로 해석할 수 있죠.

만두가 수많은 책을 통해 단어나 표현의 뜻을 이미지로 알아가는 과정은 초등학교 입학 후에도 계속되었습니다. 3학년 때였습니다. 『Percy Jackson and the Olympians』 시리즈의 첫 번째 소설인 『Lightning Thief』에는 주인공의 친구인 Grover의 외모를 묘사하는 부분이 있습니다. 'Because where his feet should be, there were no feet. There were cloven hooves'이라는 문장이었는데요, '발 대신 cloven hooves가 있었다' 정도로 의역할 수 있겠더군요.

이미 소설의 내용을 잘 알고 있으면서도 이 부분을 읽을 때 "와!"하고 탄성을 지르는 아이에게 cloven hooves의 뜻을 물어보았습니다.

아빠 cloven hooves가 무슨 뜻이지? 아빤 모르겠다.
딸 (두 손으로 형태를 만들며) 응, 클로우븐(cloven)은 이렇게 두 개로 갈라져 있다는 뜻이고, 후웁스(hooves)는 말이나 염소 같은 동물의 발이라는 뜻이야.
아빠 그래? 잠시만. (사전을 찾아보고) 정확히 알고 있네? 그런데, 이런 뜻은 어떻게 알게 되었어?
딸 엄마 아빠가 읽어 준 책에서도 몇 번 들어 봤고, 지난번에 오디오북과 영화에서도 들어 봤어. 자꾸 들으니까 뜻을 알게 되네.
아빠 그렇구나! (^_____^)

만두가 어렸을 적에는 단어의 뜻을 이미지로 습득하고 있다고 추측만 할 수 있었지만, 초등학생이 되니까 단어의 뜻을 알게 된 과정을 직접 설명하는 것을 듣게 되더군요.

누누이 강조합니다만, 엄마 아빠는 아기가 알아들을 거라는 기대 없이 한국어로 아기에게 말을 건넵니다. 아기가 태어나 엄마 아빠의 언어를 모국어로 습득하기 위한 첫 번째 단계인 듣기입니다. 마찬가지로 엄마 아빠가 아기가 알아들을 거라는 기대 없이 영어 그림책을 그저 소리 내어 읽어만 준다면, 아기는 눈으로는 그림을 보고 귀로는 엄마 아빠의 이야기를 듣게 됩니다. 엄마 아빠가 아기에게 영어로 말을 건네는 것과 똑같은 효과가 있는 것입니다. 이런 과정을 5~6년 정도 지속하니 만두는 영어를 한국어 배우듯 배우게 되었던 것입니다.

> 리더스 북은
> 이렇게 활용했습니다

다양한 영어 그림책을 꾸준히 읽어 주다 보면 반복적으로 나오는 단어와 표현이 있습니다. 그리고 그 단어와 표현은 비슷한 상황 속에서 반복됩니다. 이런 경험이 쌓이면 아이는 그 단어와 표현을 느낌이나 이미지로 알게 되는 것입니다.

어린아이가 '엄마'와 '아빠'라는 단어를 알아가는 과정과 매우 비슷하죠. 아이는 엄마와 아빠라는 단어를 셀 수 없을 만큼 반복하여 소리로 들었고, 자신의 모든 감각을 통해 엄마와 아빠라고 불리는 대상을 반복적으로 경험하면서 결국 엄마와 아빠라는 단어를 느낌이나 이미지로 알게 됩니다.

만약 'tooth'는 '이', 'mouth'는 '입', 'cavity'는 '충치', 'decay'는

'(이가) 썩다', 'pull out'은 '뽑다', 'fall out'과 'come out'은 '빠지다'처럼 영어 단어와 표현마다 그에 대응하는 한국어를 외우게 한다면, 다시 말하면 학습하게 한다면, 아이가 영어 단어를 느낌이나 이미지를 통해 받아들이는 기회는 줄어들 것입니다.

다시 한 번 강조합니다만, 영어 그림책을 읽어 줄 때는 한국어로 해석하지 않고, 부연 설명하지 않고, 책을 읽는 도중에 혹은 읽은 후에라도 아이가 단어나 내용을 제대로 이해하는지 확인하지 않는 게 중요합니다. 그저 아이를 품에 안은 채 아이가 개별 단어나 표현보다는, 이야기의 처음부터 끝까지 흐름에 집중하게 하는 것이 핵심입니다.

만두에게 읽어 줄 영어 그림책을 고르는 원칙은 세 가지였습니다.

① 영어권 원어민(혹은 원어민과 같은 능력을 갖춘) 작가가 쓴 책
② 보편적인 소재와 내용
③ 이왕이면 단편보다는 시리즈(등장인물 시리즈 혹은 출판사 시리즈)

이런 원칙을 충족하는 영어 그림책들을 소재와 난이도가 촘촘하게, 그리고 중첩되게 구매해 읽어 주는 것입니다. 저는 리더스 북 시리즈야말로 이런 원칙을 100퍼센트 충족한다고 생각

합니다. 리더스 북 시리즈는 영미권 아이들이 영어책 읽기를 스스로 연습할 수 있도록 분량과 난이도가 비슷한 그림책들을 단계별로 묶어 놓은 읽기 연습용 교재라고 할 수 있습니다. 영미권 출판사들은 각각 대표적인 리더스 북 시리즈를 하나씩 갖고 있는데요, 예를 들어 『Step Into Reading』은 Random House라는 출판사의 리더스 북 시리즈입니다. 이외에도 『I Can Read』, 『All Aboard Reading』, 『Puffin Young Readers』, 『Scholastic』, 『Ubsborne』, 『World of Reading』, 『DK Readers』 등등의 리더스 북 시리즈가 있습니다. 이런 리더스 북 시리즈를 한 권씩 반복하여 읽어 주며 만두 엄마와 저는 세 살 무렵부터 만두에게 다양한 영어 이야기를 들려준 셈이었죠.

언어로서의 영어를 생각하면 아이에게 한 번 읽어 줬던 영어 그림책이더라도 적절한 시차를 두고 반복하여 읽어 주는 게 필요합니다. 비슷한 상황 속에서 반복되는 단어와 표현의 뜻을 이미지로 알아갈 수 있기 때문입니다. 지난번에 읽어 줬던 책이고 이미 그 내용을 다 알고 있으니 또 읽어 줄 필요는 없다고 생각하면 안 되는 것이죠.

한편 유명한 영어 그림책은 단행본인 경우가 많습니다. 이런 단행본 그림책은 만두 엄마가 아이와 함께 어린이 도서관에서 대출하여 읽었습니다. 대신 중고로 사들인 출판사별 리더스 북 시리즈들은 언어로서의 영어를 위해 반복하는 용도로 활용했습니다.

리더스 북이 영미권 어린아이들의 읽기 연습용으로 쓰인다고 해서 일반적인 그림책에 비해 수준이 떨어지는 건 아니라고 생각합니다. 제가 생각하기에 리더스 북 시리즈의 장점은 일곱 가지 정도 꼽을 수 있습니다.

첫째, 검증된 그림책. 인지도 있는 이야기 작가와 그림 작가들이 만든 그림책이 많습니다. 물론 유명한 애니메이션의 캐릭터들을 이용하여 다소 손쉽게 만들었다고 생각되는 그림책도 있긴 합니다만, 대부분 초판이 20~30년 전에 출간되어 꾸준히 검증된 그림책들이 대부분입니다.

둘째, 다양한 소재와 주제. 리더스 북으로 분류되는 그림책들은 어휘, 표현, 문장의 길이와 분량 등을 고려하여 언어적 난이도에 따라 단계별로 나뉘어 있을 뿐만 아니라 우주, 자연 현상, 동물, 수학 같은 특정 분야의 지식을 내용으로 삼는 경우가 많습니다. 다양한 소재와 주제를 다루는 이야기를 영어로 읽어 주기에 적합하죠.

셋째, 단계별 방대한 목록. 어떤 영어 그림책을 구매하거나 대여할지 모른다면, 이것저것 고민할 필요 없이 이미 단계별로 오랫동안 검증된 리더스 북 시리즈가 제격입니다. 내용을 살펴

볼 필요 없이 같은 리더스 북 시리즈의 같은 난이도의 책을 선택하면 되거든요.

넷째, 보관하기 쉬운 크기. 보통 리더스 북은 가로 15센티미터, 세로 22센티미터 정도의 크기인데 얇기까지 합니다. 대량으로 보관하기에 유리하고 자리를 많이 차지하지도 않습니다.

다섯째, 저렴한 책값. 리더스 북을 새 책으로 구매하면 권당 5,000원에서 8,000원 안팎이었던 것 같습니다. 하지만 상태 좋은 중고책이라면 권당 2,000원 이내로 구매할 수 있습니다.

여섯째, 소리 내어 읽기에 적당한 분량. 단어나 표현, 문장 구성이나 분량이 적당하여 소리 내어 읽어 주기에 부담스럽지 않습니다. 『Step Into Reading』 기준으로 Step 2와 Step 3 정도가 시차를 두고 반복하여 읽어 주기에 가장 적당합니다. Step 4와 Step 5만 되어도 문장의 수나 난도가 높아져 읽어 주는 게 버겁죠.

일곱째, 나중에 원래 용도로 사용할 수 있습니다. 처음에는 영어 그림책에 친숙해지도록 엄마와 아빠가 읽어 주지만, 나중에 아이 스스로 영어책을 읽는 연습을 할 때가 되면 리더스 북의 원래 목적으로 활용될 수 있습니다. 초등학교 입학 후에 만두가 리더스 북의 원래 목적대로 스스로 영어책 읽기를 연습하였던 것처럼 말이죠.

> **각양각색
> 영어책의 종류**

　아이에게 영어 그림책을 읽어 주는 게 좋다고 하니, 서점에 가서 영어책을 살펴보게 됩니다. 그런데 '이런 책을 그림책이라고 하나? 그럼, 저런 책은 뭐라고 하지? 그림책 같기도 하고 아닌 것 같기도 하고?' 도대체 뭐가 뭔지 헷갈릴 것입니다. 영미권에서 아이들을 위해 출간하는 영어책은 정말 다양하고 방대하기 때문입니다.

　이번에는 어린 자녀의 영어책을 고를 때 도움이 되도록 영어책의 종류와 특징을 제 기준대로 소개하고자 합니다. 지금 우리 아이에게 필요한 영어책은 무엇인지 감을 잡으실 겁니다. 어린아이의 영어 환경을 만드는 데 필요한 영어책의 종류는 대략 보드 북, 그림책, 챕터 북, 소설 등으로 나눌 수 있습니다.

① 보드 북(Board Book)

두꺼운 종이에 인쇄된 보드 북은 쉽게 구겨지거나 접히지 않고, 물에 잘 젖지도 않습니다. 영유아를 위한 책이라는 뜻이죠.

보드 북은 형태만 책일 뿐, 어른의 기준으로 보면 이렇다 할 내용은 없습니다. 페이지마다 단순한 그림과 짧은 문장 한두 줄 혹은 단어만 몇 개 나열되어 있을 뿐입니다. 하지만 어린아이의 언어 발달에서 보드 북이 중요한 이유는 따로 있습니다. 기저귀로 두툼해진 영유아의 엉덩이를 끌어와 품에 안고 아기와 함께 보드 북을 넘기면서 '책 읽기는 엄마 아빠의 품속과 같이 안전하고 따뜻하다'라고 느끼게 하는 것입니다. 책이 뭔지 전혀 모르는 아기가 보드 북을 통해 책과 엄마 아빠의 따뜻한 품속을 연관 지을 수만 있다면, 보드 북의 역할은 다한 것입니다. 영유아의 언어 발달을 위한 핵심적인 역할은 그림책이 담당하기 때문에 보드 북은 그림책으로 넘어가기 위한 마중물이라는 의미도 있습니다.

② 그림책(Picture Book)

그림책은 일반적으로 페이지마다 그림과 그 그림을 설명하는 글이 있는데요. 그림만 봐도 대략 상황을 유추할 수 있을 만큼 그림의 역할이 중요합니다. 그림책의 형태는 작가의 의도에 따라 크기와 모양이 정말 다양합니다. 또한 영어 그림책은 영유아부터 초등 고학년까지 아이들에게 본격적으로 언어적인 자극을 주게 됩니다. 이야기의 완성도도 높습니다. 좋은 그림책을 선정하고 시상하는 '칼데콧(Caldecott Medal)'이나 '뉴베리(Newberry Medal)' 같은 문학상이 따로 있을 정도죠.

영어 그림책은 소재와 주제, 난이도, 분량 등이 다양하므로 아이의 언어 발달에 중요한 역할을 담당합니다. 저는 개인적으로 영어 그림책을 그 안에서도 일반 그림책, 캐릭터 그림책, 리더스 북 등 세 가지로 세분화하고 있습니다.

— 일반 그림책

그림책 자체가 완성도 높은 하나의 작품입니다. 어른이 읽어도 충분히 감흥을 얻을 수 있는 수준 높은 영어 그림책이 매우 많습니다. 작가의 의도에 따라 페이지마다 그림과 글이 있지만, 글 없이 그림만 있는 경우도 있습니다. 단점을 굳이 꼽자면, 형태와 크기, 두께 등이 너무나 다양하여 보관하기가 쉽지 않다는 것 정도인 것 같습니다.

__캐릭터 그림책

특정 캐릭터가 반복해서 등장하는 그림책 시리즈로써, 일반 그림책이 작가의 이름으로 기억된다면 캐릭터 그림책은 이야기 속 등장 캐릭터로 기억되는 경우가 많은 것 같습니다. 권마다 사건만 달라질 뿐, 등장인물과 이야기 전개가 비슷하므로 비슷한 영어 표현이 반복됩니다.

__리더스 북

출판사마다 대표적인 리더스 북 시리즈가 있습니다. 리더스 북은 소재, 난이도, 분량 등을 고려하여 보통 5단계로 나눠 놓은 그림책 시리즈입니다. 같은 레벨이 붙어 있는 책이라면 대략 난이도와 분량이 짐작될 만큼 정형화되어 있습니다. 한 레벨에 수십 권부터 100여 권 이상의 책들이 포함되어 있습니다. 책의 모양과 크기가 일정하며, 표지에 레벨을 나타내는 숫자가 표시되어 있어 영미권 아이들이 읽기 수준에 따라 책 읽기를 연습하는 용도로 사용합니다.

③ **챕터 북(Chapter Book)**

영어 그림책과 소설을 잇는 다리 역할을 합니다. 보드 북과 그림책에서 그림이 중요한 비중을 차지했다면, 챕터 북부터는 그림보다는 글자가 더 중요해집니다. 그림 없이 글자만으로 내용을 파악하고 상상하는 것입니다.

챕터 북은 판타지, 추리, 모험 등 내용이 다양하고, 이야기의 호흡도 그림책보다 길어서 장(chapter)으로 구분되어 있습니다. 챕터 북 다음 단계인 소설의 축소판이라고 보면 됩니다. 따라서 소설로 넘어가기 전 챕터 북을 통해 소설의 이야기 형식에 익숙해질 수 있습니다.

한편 챕터 북 중에는 캐릭터 그림책처럼 특정 캐릭터가 주인공으로 등장하는 시리즈가 많습니다. 물론 권마다 사건의 내용만 달라질 뿐, 전개 방식과 일정한 표현은 비슷하게 반복됩니다.

④ 소설(Novel)

챕터 북은 소설의 축소판이라고 말씀드렸죠? 아이의 시각에서 보면, 소설은 '분량이 늘어난 챕터 북'이 될 것 같습니다. 단행본도 있고 시리즈도 있습니다. 성인이 읽어도 될 만큼 내용이나 문장 수준이 높고, 판타지, 추리, 모험 등 챕터 북과 겹치는 소재가 많습니다. 단어와 표현, 문장의 길이나 난도, 전체적인 분량 등은 챕터 북과 비교할 수 없습니다. 성인이 되기 전까지 읽는 영어책의 가장 마지막 단계가 소설입니다.

보드 북 → 그림책(리더스 북) → 챕터 북을 차례대로 읽는 이유도 결국 소설을 부담 없이 읽기 위한 연습입니다. 소설을 읽는다는 것은 이미 영어 읽기 능력이 일정 수준은 넘어선 것입니다.

> 부럽다,
> 영국의 독서 문화!

　누구나 중요하다고는 생각하지만, 쉽사리 실천하지 못하는 게 책 읽기인 것 같습니다. 그런데 책 읽기의 즐거움을 어렸을 적부터 깨닫게 하는 나라가 있더군요. 그 깨달음은 평생 독서로 이어지게 되는데요, '영국에는 특별한 독서 교육 프로그램이라도 있나?' 싶어 『영국의 독서 교육』(대교, 2009)이라는 책을 읽은 적이 있습니다. 제목과는 다르게 영국 어린이들의 다양한 독서 환경을 소개하는 책이었습니다.

　요즘은 새로 나온 전자 제품을 사기 위해 새벽부터 줄을 선다는 뉴스를 종종 접하는데요. 영국에서는 좋아하는 작가의 출판 기념회에서 엄마 아빠의 손을 잡고 줄을 서는 어린아이들을 볼 수 있다고 합니다. 다섯 살 정도만 되어도 아이 스스로 좋아하는 작가의 이름을 대는 경우가 많다고 합니다. 이렇게 아이들 사이에서 인기를 얻은 책은 학교의 수업 교재로 사용되기도 하고, TV 애니메이션, 캐릭터, 연극, 영화, 뮤지컬 같은 다양한 문화 상품으로 개발됩니다. 어린아이들이 좋아하는 책 속 이야기가 책에서 끝나는 게 아니라 일상생활에까지 이어지는 독서 환경이 잘 유지되고 있는 것입니다.

특히 이 책을 읽으며 부러웠던 것은, 가정(부모), 학교, 공공 도서관, 책 관련 시민 단체, 출판계 등 영국 사회 전체가 어린이들의 독서 환경을 유지하기 위해 들이는 노력이었습니다. 이런 분위기 속에서 지내다 보니 영국 어린이들이 일찍부터 책 읽기의 즐거움을 깨닫게 되는 것은 당연한 일이겠죠. 물론 성인 독서 인구가 많은 것도 같은 맥락이라고 생각합니다. 세계 근현대사에서 큰 획을 그은 수많은 과학자, 예술가, 작가, 사상가, 정치가, 학자들을 배출한 영국의 저력은 이런 독서 문화 때문에 가능했던 것은 아니었을까요?

우리나라도 요즘은 어린아이에게 영어든 한국어든 그림책을 읽어 주는 엄마가 상당히 많은 것 같습니다. 어떤 통계를 보니 취학 전 우리나라 아동의 독서량은 세계적으로도 절대 뒤지지 않는다고 합니다. 물론 엄마 아빠가 읽어 주는 독서를 말하겠죠?

그런데 독서량이 초등 고학년만 되면 급감한다고 합니다. 그래서 그런지 최근 들어 청소년들의 문해력 저하를 걱정하는 목소리가 심심치 않게 들리는 것 같습니다. 배우기 쉽고 체계적인 한글 덕분에 세계에서 문맹률은 가장 낮지만, 책을 읽지 않으니 글의 맥락을 이해하는 문해력은 떨어지는 것입니다.

이렇게 문해력이 떨어지는 이유, 그리고 나이를 먹을수록 독서량이 줄어드는 이유로 저는 세 가지를 꼽고 싶습니다.

첫 번째는 책 읽기의 즐거움을 잃게 만드는 독서 환경입니다. 우리나라 영유아의 독서량이 적지 않다고 말씀드렸습니다만, 가만히 살펴보면 엄마 아빠가 읽어 주는 그림책들이 아이의 성향을 고려한 선택이라기보다는 널리 알려진 전집인 경우가 많습니다. 책을 한 권씩 읽어 보고 고를 수 있는 환경이 아니다 보니 소문으로 알게 된 전집이나 소개받은 그림책을 온라인 쇼핑몰에서 검색하고 주문할 수밖에 없습니다. 아이들의 취향보다는, '연령별 권장 도서'라는 타이틀이 더 중요한 것이죠.

두 번째는 학습 위주의 국어 교육입니다. 우리 아이들은 어렸을 적부터 지식을 얻기 위해 책을 읽는데, 초등학교에 입학하면서는 아예 호흡이 짧은 지문을 읽고 문제를 푸는 방식에 익숙해져야 하는 것 같습니다. 당연히 책 읽기 자체를 즐기는 기회라든지 책과 관련된 추억이 적은 것 같습니다. 독후 활동이 그런 예라고 생각합니다. 독후 활동은 '책을 읽었으면 어떤 지식이나 깨달음 혹은 내용이라도 파악해야 한다'라는 인식이 작용하는 것으로서, 아이가 책 읽기를 즐거움보다는 부담으로 여기는 계기가 될 수 있다고 생각합니다.

세 번째는 어렸을 적부터 그림책보다는 영상물에 일찍 노출되는 환경을 꼽을 수 있습니다. 말이나 글보다는 영상으로 전달할 때 더욱더 효과적인 정보도 있습니다. 하지만 그렇다고 해서 영상이 말과 글을 대체할 수는 없습니다. 동물과 구별되는 인간의 고유한 사고 능력은 책 읽기를 통해서만 발달할 수 있기 때문입니다.

사실 책 읽기는 매우 지루한 활동입니다. 책 속 이야기의 즐거움을 모르면 책장을 넘기는 게 절대로 쉽지 않습니다. 그런데 그런 책 읽기의 즐거움을 미처 깨닫지 못한 어린아이가 영상물의 시각적·청각적 자극에 먼저 익숙해진다면, 책 읽기는 정말 고역이 될 수 있습니다.

문해력은 호흡이 긴 책을 읽어야만 키워질 수 있습니다. 호흡이 짧은 지문을 반복적으로 읽으면 당장 주제를 찾고 문제를 푸는 데는 도움이 될지 모르나 호흡이 긴 글이나 책을 읽는 힘을 키우는 데에는 효과가 없습니다. 물론 책 읽기의 즐거움을 알고 호흡이 긴 글이나 책을 읽는 데 어려움이 없다면, 짧은 글을 읽고 문제를 푸는 건 어렵지 않겠지만요.

만두의 영어책 목록을 공개하지 않는 이유

　딸아이의 영어 환경은 영어 그림책을 다양하고 촘촘하게 소리 내어 읽어 준 게 핵심이라고 소개하면 '만두에게 어떤 영어책을 읽어 줬는지도 알려 달라'는 요청을 자주 받습니다. 처음엔 추천 도서 목록을 소개해 볼까도 생각했습니다. 하지만 역시 공개하지 않는 게 좋겠다고 결론지었습니다. 특별한 책이라도 있어서 숨기려는 건 아닙니다.

　만두가 15개월이 됐을 무렵부터 영어 보드 북을 읽어 주었지만, 보드 북 다음에는 어떤 영어책을 읽어 줘야 할지 처음엔 전혀 감을 잡을 수 없었습니다. 아무래도 직접 읽어 봐야 성에 찰 것 같았는데, 동네 서점에 가 봐도 영어책 종류가 많지 않거나 아예 없는 경우가 많았습니다. 온라인 서점의 책 소개나 간략한 서평만으로는 어떤 책인지 확인하는 게 어려웠고, 개인 블로그의 서평을 하나하나 읽는 것도 그리 효율적인 방법은 아니었습니다.

처음엔 정말 막막하더군요. 어린아이를 위한 영어책을 분류하는 기준이 명확하지 않았던 것이죠. 결국 한동안 퇴근길마다 회사 근처 중고 서점에 들러 눈에 띄는 영어 그림책들을 뽑아서 직접 읽어 봐야 했습니다. 그런데 그렇게 하다 보니, 영어책의 표지만 봐도 대략 그 책의 특성이 보이기 시작하더군요. 구매와 대여의 기준, 새 책과 중고책의 선택 여부 등 저만의 기준도 생기기 시작했습니다.

이미 읽어 준 책과의 연관성을 따져 구매 여부를 결정하기도 하고, 아이의 취향에 어울리는 책을 찾을 수도 있게 됐습니다. 지금 사 두면 나중에 언제쯤부터 읽어 주면 좋겠다는 예상도 할 수 있었습니다.

해외 출장이라도 나가면 개인 시간에는 꼭 서점에 들렀습니다. 아이의 취향을 저격하는 책이라도 찾으면 주저 없이 구매했죠.

아이에게 영어 그림책 읽어 주기를 처음 시작하는 분들은 어떤 책으로 시작해야 할지 막막할 겁니다. 그러다 보니 엄마표 영어책들에 딸린 책 목록을 살펴보고, 블로그를 찾아보게 됩니다. 그리고 바쁘다는 이유로 그 책들을 인터넷 서점에서 주문하게 됩니다. 빠르고 간편하죠. 하지만 이런 식으로 구매한 영어 그림책은 엄마 아빠가 생각한 것과 다르거나, 아이의 반응이 신통치 않은 경우가 많습니다. 아이마다 성향이 다르고 책에 대한 취향이 다른데, 저 집 아이가 호응한 책이라고 우리 아이도 호응하는 건 아니니까요.

주말이나 공휴일에는 아이의 손을 잡고 도서관에도 가고 서점에도 가면 좋겠습니다. 그래서 남들이 추천하는 책을 온라인에서 주문하기보다는 부모든 아이든 직접 책을 읽어 보고 좋아하는 책을 고를 수 있는 안목을 키워 나갔으면 좋겠습니다.

마찬가지로 제가 이 책에서 언급한 영어책들도 무작정 구매하지는 마시기 바랍니다. 그 책들은 만두의 호응을 얻었던 책들일 뿐입니다. 다른 아이들도 똑같이 호응하리라고는 생각하지 않습니다. 한국어든 영어든 그림책으로 언어 환경을 만드는 데 공감하신다면, 어린아이가 언어를 습득하는 과정과 원리를 이해하시면서 그 아이만의 언어 환경을 만들어 가면 좋겠습니다. 만두를 통해 쌓은 만두 아빠의 경험도 참고용이어야 합니다.

5부 영어에 흥미를 붙게 하는 이야기의 힘

유치원~초등 1년

> "아빠는 왜 내가
> 영어를 하게 했어?"

한번은 만두가 묻더군요. 자기가 영어를 어떻게 하게 됐느냐고요. 초등 2학년 때였습니다. 기억을 되살려 그때 대화를 소개해 보겠습니다.

딸아이와 함께 『The 13-Story Tree House』(Feiwel & Friends, 2013)를 읽고 있을 때였습니다. 만두는 왼쪽 페이지를, 저는 오른쪽 페이지를 맡아 번갈아 가며 읽었죠. 작가의 엉뚱한 상상력에 낄낄거리며 챕터 하나를 끝냈을 때 대화는 시작되었습니다.

딸 그런데 아빠, 아빠는 왜 내가 영어를 하게 했어?
아빠 네가 어린이집과 유치원에 다닐 때는 우리말만 잘해도 되겠지? 지금 다니고 있는 초등학교와 앞으로 다니게 될 중고등학교에서도 마찬가지일 테고. 그런데 아빠는 만두가 커서 계속 공부하든 아니면 일을 하게 되든, 영어를 잘하는 사람들을 많이 만나게 될 것 같았어. 그래서 네가 영어를 잘하면 좋겠다고 생각한 거지.

딸 (잠시 생각하더니) 그런데 아빠, 난 대학에 갈 건데. 내가 영어를 못하면 서울대에 가겠지만, 난 영어를 잘하니까 스탠퍼드에 가고 싶어!

아빠 그래그래. 만두는 스탠퍼드에 갈 수 있지! 그런데 스탠퍼드에 가려면 지금보다 훨씬 영어를 잘해야 할 것 같은데?

딸 (자신 있다는 듯) 응, 알아. 그런데 아빠도 중학교에 가서 영어를 공부하기 시작했어? 우리 학교 선생님은 그러셨대.

아빠 아빠도 그랬지.

딸 아빠도 중학교에 가서 알파벳 외우고 그랬어?

아빠 그랬지. 단어 외우고 문법 공부하고, 문장 외워서 길에서 외국 사람 만나면 따라가서 말 걸고 그랬지, 뭐. 그런데 그렇게 외워서 공부한 영어는 더 이상 발전이 없더라. 그래서 지금 아빠 영어 실력은 별로야.

딸 (의외라는 듯) 그래?

아빠 아빠가 어렸을 적에 할머니와 할아버지가 우리말로 이야기를 많이 해 주셨으니까 아빠가 우리말을 배우게 되었잖아. 마찬가지로 엄마 아빠가 너에게 우리말로 말을 많이 해 주니까 네가 말을 잘하게 된 거고. 그러면 영어로도 말을 많이 해 준다면 영어도 잘하게 될 거잖아. 그런데 아빠하고 엄마가 영어 말하기는 자신이 없어. 그래서 어떤 방법이 있을까 생각하다가 영어 그림책을 많이 읽어 줘야겠다고 생각한 거야.

딸 맞아. 어릴 때 아빠와 엄마가 영어책 많이 읽어 줬지. 우리 집에 영어책도 많잖아.

아빠 그래, 맞아. 너에게 영어로 다양한 이야기를 들려주질 못하니까 영어책을 다양하게 읽어 준 거지. 책의 종류만 다양한 게 아니고, 같은 이야기라도 다른 출판사의 책들도 읽어 줬고. 『Beauty and the Beast』 같은 디즈니 버전도 읽어줬지만, Usborne이나 다른 출판사의 책도 읽어 준 것처럼 말이야. 그렇게 영어책을 많이 읽어 줬더니 네가 영어로 듣는 걸 어려워하지 않게 되더라. 그런데 엄마 아빠가 읽어 주는 것으로는 부족하더라고. 아빠와 엄마도 힘이 많이 들고……. 그래서 네가 유치원 다닐 때부터는 『Magic Tree House』를 오디오북으로 들려줘 봤는데, 네가 좋아하니까 전체 시리즈를 여러 번 반복해서 들려줬어. 그다음에는 『Percy Jackson』 시리즈를 들려줘 봤더니 그것도 무척 좋아해서 그 시리즈만 반복해서 듣게 했지. 요즘은 『Harry Potter』를 듣고 있는 거고.

딸 내가 영어로 말하기 시작한 건 어린이집 다닐 때부터지?

아빠 어린이집 다닐 때는 띄엄띄엄 단어만 내뱉는 수준이었고, 아빠 기억으로는 네가 영어다운 영어를 말하기 시작한 건 유치원 때부터였던 것 같아. 지금까지 영어 듣기는 정말 잘해 왔고, 말하기도 잘하는 것 같아. 하지만 말하기를 조금만 더 잘하고, 영어책도 한국어 책 읽듯이 혼자 술술 읽을 수 있으면 좋을 것 같아. 쓰기는 나중에 천천히 해도 되고.

대화가 끝나자 딸아이는 저에게 다가와 제 목을 끌어안더군요. 고맙다는 뜻인 것 같기도 하고 뭔가를 다짐하는 것 같기도 하고…….

위 대화 중 딸아이가 미국 스탠퍼드대와 서울대를 이야기했는데요, 제가 초등 2학년에게 대학 이야기를 했다고 오해하실까 봐 사실을 밝힙니다. 2017년 1월, 샌프란시스코 출장길에 스탠퍼드 대학에 들른 적이 있는데요, 기념품을 파는 교내 매장에서 딸아이가 앞으로 입을 넉넉한 크기의 후드 티 한 장을 샀습니다. 당시 다섯 살인 아이는 '대학'이라는 개념을 몰랐고, 따라서 저는 스탠퍼드를 세계에서 가장 좋은 학교 중 하나라고만 소개했습니다. 그 후 한 TV 프로그램에서 스탠퍼드라는 이름을 한 번 더 들을 수 있었고요. 그뿐입니다!

서울대학교는 초등 1학년 때 만두네 학교에 교생 실습 나온 선생님들을 통해 알게 된 것 같습니다. 서울대 사범대학 학생들이었거든요. 교생 선생님들과 친하게 지냈던 아이는 선생님들을 다시 만날 수 있을지 모른다며 서울대에 한 번 데려가 달라고 하더군요. 그래서 언젠가 서울대 캠퍼스 정문까지 다녀온 적이 있었습니다. 그뿐입니다. 저나 만두 엄마는 (특정) 대학에 가야 한다고 만두에게 말하거나 유도하지 않았습니다!

> ## 만두는 이렇게 뗐습니다
> 한글

초등학교 입학 직전 겨울을 보낼 때였습니다. 한글은 학교에 가서 배우면 된다는 생각으로 어떻게 하면 마지막 겨울을 재미있게 지낼 수 있을까 궁리하고 있었습니다. 그런데 초등학교 고학년생이 있는 옆집에서 한글은 떼고 입학하는 게 좋다는 조언을 해 주시는 바람에 11월부터 부랴부랴 '한글 기초 완성 3개월 프로젝트'를 추진하게 되었습니다.

뾰족한 방법이 있었던 건 아닙니다. 서점에 가서 4~5세용 한글 익힘책을 사다가 풀어 보기도 하고, 방문 학습지를 신청하여 선생님이 오시기도 했습니다. 만두는 처음엔 점선을 이으며 글자를 완성하는 걸 재미있어 하더니만 곧 싫증을 내더군요. 급격하게 흥미를 잃은 방문 학습지도 한 달 만에 그만두기로 했습니다.

한글 때문에 아이에게 괜한 스트레스 주지 말고 입학 전에 이미 사 놓은 한글 익힘책이나 풀자고 생각했습니다. 그런데 말입니다, 한글을 전혀 몰랐던 아이는 기본 원리를 쉽게 깨우치더군요. 거실 벽에 붙여 놓은 커다란 인쇄물에는 세로에는 ㄱ부터 ㅎ까지 자음이, 가로에는 모음이 쓰여 있었습니다. 아이에게 글자의 형태와 소릿값을 알려 주고 이를 조합하는 방법을 알려 줬더니 처음엔 당연히 무슨 소린가 이해를 못 했지만, 얼마 지나지 않아 혼자 인쇄물을 보며 자음과 모음을 순서대로 조합하며 소리 내어 읽더군요. 자음과 모음은 쓸 줄 몰랐지만, 받침이 복잡한 일부 단어를 빼고는 혼자 한글로 쓰인 단어를 읽는데 3개월 정도 걸렸습니다.

이후 초등학교에 입학하면서 엄마와 함께 1학년 권장 도서를 읽었습니다. 겨울 방학 전에는 혼자 읽겠다고 하더니만, 2학년이 되어서는 조금 더 문장이 많아진 2학년 권장 도서들을 혼자 읽더군요(이때부터는 만두의 한글 책 읽기에 관해서는 더 이상 관여하지 않게 되었습니다). 잠시 후 다른 글에서 소개하겠습니다만, 2학년 여름 방학 무렵에는 한국어로 번역된 『해리 포터』를 읽기 시작했습니다. 그림 하나 없는 권당 200페이지 분량의 책을 자세만 잠깐씩 바꿔 가며 앉은자리에서 서너 시간 동안 읽는데, 솔직히 무서웠습니다. 어린아이가 책을 읽다가 어떻게 되는 것은 아닌가 해서요.

만두가 한글을 뗐던 과정을 위와 같이 요약하고 보니, 다소 싱겁다는 생각이 듭니다. 그런데 이렇게 한글을 쉽게 뗄 수 있었던 이유는 무엇일까요? 저는 만두가 어렸을 적부터 엄마 아빠가 소리 내어 읽어 준 우리말 책 속 이야기를 수도 없이 들었다는 것에 주목하고 싶습니다. 만두는 엄마 아빠가 읽어 주는 이야기를 들으며 우리말의 문장 구조를 체득하였고, 수많은 이야기 속에서 반복되는 단어와 표현을 소리로 배웠던 것이죠.

문자는 소리 언어를 일정한 규칙에 따라 표기하는 일종의 약속입니다. 한글 표기의 단순하고 일정한 규칙을 터득하고 나니까, 만두로서는 이미 소리로 들어 충분히 익숙해진 한국어 문장을 눈으로 읽는 건 어려운 일도 아니었던 겁니다. 만두가 한글을 배운 과정은, 이전 글(아이가 언어를 배우는 순서 ② 읽기-쓰기)에서도 언급했듯이 문자를 알아야 글을 읽을 수 있다는 오해를 반박할 수 있는 좋은 예입니다. 어린아이가 엄마 아빠가 소리 내어 읽는 문장을 충분히 들었다면, 문자를 배우고 읽는 것은 일도 아닙니다.

만두는 이렇게 뗐습니다
알파벳

　만두는 영어 파닉스를 하지 않았습니다. 어린이집에 다닐 무렵인가 파닉스를 가르치는 애니메이션을 집에서 보여 준 적이 있기는 합니다. 아빠의 욕심에 그런 애니메이션을 보면 자연스럽게 알파벳에 익숙해지지 않을까 생각했던 것이죠. 특정 알파벳의 형태와 발음이 반복되고, 그 문자가 포함된 단어의 발음을 반복하는 식이었습니다. 귀여운 캐릭터와 흥겨운 배경 음악이 있었지만, 이야기 없이 단순 반복되는 애니메이션에 만두는 곧 관심을 보이지 않게 되었습니다.
　솔직히 만두는 한글보다 영어 알파벳을 먼저 깨우칠 줄 알았습니다. 엄마 아빠가 어렸을 적부터 우리말 그림책보다는 영어 그림책을 훨씬 많이 읽어 주기도 했고, 나중에 만두가 본 영상물이나 유치원 때 차 안에서 반복해서 들었던 『Magic Tree House』같은 오디오북도 모두 영어였기 때문입니다.

그런데 만두는 초등학교 입학을 앞두고 한글을 싱겁게 깨우치더니 1학년 내내 우리말 책만 읽으려고 하였습니다. 1학년 겨울 방학이 시작되면서 알파벳을 알려 주려고 했지만 좀처럼 관심을 보이지 않았고, 당연히 영어책은 혼자 읽으려 하지 않았습니다. 한국어 책을 읽어 주겠다는 제안은 단호히 거절하면서 영어 그림책은 굳이 들고 와서 읽어 달라고 하더군요.

2학년이 되면서는 "이제는 영어책도 혼자 읽어야 하지 않겠니?" 하며 영어 그림책을 혼자 읽어 보라고 구슬려 봤습니다. 1학년 때 만두 엄마가 아이와 한국어 책을 문단이나 문장 단위로 번갈아 읽었던 것을 떠올리며 영어책으로도 비슷한 시도를 했던 것이죠. 하지만 여전히 만두는 영어 오디오북을 들려 달라고 하거나 저에게 영어책을 읽어 달라고 하더군요. 영어책 혼자 읽기에 대한 아이의 저항이 심하다 싶으면 물러섰다가, 컨디션이 좋아 보이면 혼자 읽어 보라며 책 들이밀기를 2학년 내내 계속해야 했습니다.

만두가 알파벳에 관해서는 한글과 다르게 반응하는 이유를 생각해 보았습니다. 한글은 자음과 모음을 결합하는 원리도 간단하고, 그렇게 결합된 문자를 소리 내어 읽거나 표기할 때 예외가 별로 없습니다. 세계적으로 한국인의 문맹률이 낮은 이유이죠. 하지만 알파벳은 글자마다 소릿값이 일정하지 않습니다. 특히 모음은 앞뒤에 오는 문자의 종류 혹은 강세 유무에 따라 발음이 달라집니다. 영어의 알파벳은 발음하는 방법에 예외가 많다 보니 나름 규칙을 찾아 모아 놓은 게 파닉스인데, 사실 파닉스도 발음 규칙을 완벽하게 설명하지는 못하죠. 만두는 이런 영어 문자의 특성을 낯설어 했던 것입니다.

2학년이 끝나갈 무렵으로 기억합니다만, 만두가 혼자 영어책을 읽고 있더군요. 나지막한 소리로 혼자 'ㅋㅋㅋ', 'ㄱㄱㄱ' 같은 소리를 내고 있더라고요. 왜 그러나 싶어 살짝 훔쳐봤더니, 책에 있는 'great'라는 단어를 소리 내어 읽기 위해 첫 번째 문자인 'g'의 소리를 찾고 있는 것 같았습니다. 옆에 있는 아빠에게 자신이 노력하고 있음을 알려 주려고 한 것인지는 모르겠습니다.

그 후에도 한동안 만두가 영어 단어를 어떻게 발음해야 할지 이리저리 시도하는 모습을 볼 수 있었습니다. 잘 안 될 때면 저에게 묻기도 하더군요. 엄마 아빠가 이미 여러 번 읽어 줬던 이야기, 혹은 애니메이션이나 오디오북에서 그동안 여러 번 들어 봤기 때문에 소리로는 무슨 뜻인지 잘 알지만, 그 소리를 글자로 표기한 단어를 눈으로 읽고 입으로 소리 내는 건 전혀 다른 일이었던 것입니다.

그러나 역시 기다려 주니까 성과는 나타났습니다. 지금 생각해 보니 아이는 초등 2학년 내내 혼자 알파벳의 모양과 소릿값을 찾아내어 연습하고 있었던 것 같습니다. 3학년 때 있었던 일입니다.

아빠 오늘은 어떤 영어책을 읽어 볼까? 아빠가 요즘 『A Long Walk to Water』라는 책을 읽고 있는데 같이 읽어 볼까?

딸 좋아. (문단을 번갈아 읽더니만) 아빠, 이제부턴 혼자 읽어 볼게. 혼자 읽을 수 있을 것 같아.

만두의 영어책 읽기는 이렇게 어느 순간 시작되었습니다. 『A Long Walk to Water』(Clarion Books, 2010)는 만두가 처음으로 혼자 읽은, 그림 하나 없이 문장으로만 이뤄진 영어 소설이었습니다. 이 소설에 이어 아이 혼자 낄낄대며 읽은 책은 『Wonder』(Random House Children's Books, 2012), 『How to Steal a Dog』(Square Fish, 2009), 『El Deafo』(Amulet Books, 2014) 같은 책들이었습니다.

> 『Harry Potter』는 들었고,
> 『해리 포터』는 읽었습니다

    초등학교에 입학하면서 엄마 아빠가 만두에게 영어책을 읽어 주는 시간은 점차 줄어들었습니다. 대신 등하굣길 차 안에서 듣는 영어 오디오북이 점점 그 자리를 차지하였습니다. 『Magic Tree House』 시리즈를 시작으로 『Percy Jackson & the Last Olympians』(Puffin) 시리즈를 반복하여 들었고, 『Harry Potter』(Scholastic) 시리즈는 초등 2학년 여름까지 예닐곱 번 반복하여 듣더군요.

    호흡이 제법 긴 오디오북을 듣는 동안 "흐흐흐흠!" 하고 입꼬리가 올라가는 웃음소리가 이어지고, 이제 막 시리즈가 끝났는데 처음부터 다시 들려달라고 하는 걸 보면서, 아이가 오디오북을 재미있게 듣고 있음을 추측하는 건 어렵지 않았습니다.

『Harry Potter』 시리즈를 영어 오디오북으로 들었다는 건 알겠는데, 『해리 포터』는 읽었다는 건 무슨 뜻이냐고요?

아이가 한글을 처음 배운 건 초등학교 입학 전 11월부터 입학 직전까지 약 3개월 동안이었다고 말씀드렸죠. 한글은 학교 가기 전에 떼는 게 좋다는 말에 부리나케 한글 공부를 시작했고, 이후 엄마와 함께 학교 권장 도서들을 읽으며 한글을 깨우쳤습니다. 2학년이 될 무렵에는 한글 책을 혼자 읽기 시작했는데요, 이때 읽었던 책들은 아직 페이지마다 간간이 그림이 실려 있는 수준이었습니다.

2학년 여름 방학, 시내 대형 서점에 들렀을 때였습니다. 출간 20주년을 기념해 새롭게 번역된 『해리 포터』(문학수첩, 2019) 시리즈가 눈에 잘 띄는 곳에 진열되어 있었습니다. 『Harry Potter』를 영어 오디오북으로 여러 번 들었는데, 과연 우리말로 번역된 책을 읽을 수 있을지 궁금하더군요. 그래서 시리즈의 첫 번째 책인 『마법사의 돌』을 읽어 보라고 건네 보았죠. 그림 없이 글자만 가득한, 그때까지 딸아이가 시도하지 않았던 새로운 형태의 책이었습니다. '그림도 없고 글자가 낳아서 읽기 어렵다고 하겠지?' 하며 반응을 기다리고 있는데, 아이는 뜻밖에도 서점에 서서 책을 다 읽을 기세더군요. "사 줄 테니 그만 읽어"라고 설득하고는 서점에서 겨우 나올 수 있었습니다.

초등 2학년이 서너 시간 동안 꼼짝하지 않고 그림 하나 없는 책을 읽는 힘은 과연 어떻게 가능한 것일까요? 아이가 2학년 때 한국어로 번역된 『해리 포터』 23권을 독파했다는 에피소드를 소개하면, "만두는 원래 책 읽기를 좋아하나 봐요", "엄마 아빠가 책 읽기를 좋아하시죠? 그래서 만두도 책 읽기를 좋아하나 봅니다" 같은 반응을 접하게 됩니다. 그러나 태어날 때부터 책 읽기를 좋아하는 사람이 있을까요? 어린아이가 먼저 "저는 책 읽기가 좋아요. 책을 많이 읽을 수 있는 분위기를 만들어 주세요"라고 말하진 않잖아요.

만두가 쉽게 한글을 떼고 우리말 책을 몰입하여 읽게 된 것은 선천적인 능력보다는 후천적인 언어 환경 덕분이라고 생각합니다. 만두는 생후 15개월부터 보드 북 책장을 넘기는 것을 시작으로 엄마 아빠가 읽어 주는 영어 그림책과 한국어 그림책 속의 수많은 이야기를 들어 왔습니다. 짧고 단순한 이야기부터 시작하여 오랜 기간 동안 점점 다양한 이야기를 반복하여 들으면서 단어나 문장 하나하나보다는 이야기의 상황과 문맥을 파악하는 훈련을 받아 온 셈입니다.

모든 이야기에는 주인공이 등장하고 사건이 발생합니다. 이야기가 길어질수록 등장인물이 많아지고 사건들도 얽히고설키

게 되죠. 그러면서 사건들이 해결되는 과정에 재미가 더해지죠. 그런데 모든 이야기에는 '기승전결'이 있습니다. 어린아이를 위한 이야기든 성인을 위한 이야기든, 혹은 영어책이든 한국어 책이든 상관없이 모든 이야기의 기본 구조는 기승전결입니다.

만두는 예전부터 이야기가 주는 재미에 흠뻑 빠져 지내면서 기승전결의 이야기 구조에 자연스럽게 익숙해졌다고 생각합니다. 이야기의 재미를 잘 알고 있는데, 자신이 직접 문자를 읽게 되니까 아무리 호흡이 긴 이야기라도 쉽게 적응하며 읽어 낼 수 있었던 것입니다. 이야기를 접하는 방식이 소리에서 문자로 바뀐 것뿐이죠. 책 속 이야기에 기승전결을 따라가는 재미가 가득하다면 분량에 상관없이 서너 시간 몰입하는 건 큰일도 아니죠. 다만 알파벳보다 한글을 먼저 배우게 되면서 한국어 책 읽기가 먼저 시작되었을 뿐입니다.

만약 만두가 대략적으로라도 이야기의 흐름을 파악하지 못하거나 이야기의 재미를 경험하지 못한 상태에서 문자를 먼저 익혔더라면, 그래서 개별 단어나 문장에 집착하였다면, 호흡이 긴 글을 듣거나 스스로 읽는 걸 힘들어했으리라고 생각합니다.

결과적으로 초등 2학년 딸아이가 『해리 포터』 한국어 번역본 23권을 독파한 힘은 생후 15개월부터 키워지고 있었다고 자신 있게 말씀드립니다.

영어 환경의 부작용?

초등 1학년 때였습니다. 퇴근 후 집에 들어서면서 여느 때처럼 두 팔 활짝 벌려 뛰어오는 아이를 기대했는데, 뜻밖의 행동에 적잖이 당황했던 적이 있습니다.

아빠 딸, 뭐해? 아빠 왔어!

딸 ……

아빠 (방안에 혼자 앉아 있는 만두를 발견하고는) 딸, 방에서 불도 안 켜고 혼자서 뭐 하고 있었어?

딸 아빠! 캐릭터들과 놀고 있었어!

아빠 캐릭터들이라니?

딸 해리 포터, 루크 스카이워커, 퍼시 잭슨 같은 친구들과 우주여행 다녀왔어!

아빠 뭐라고? 그런데 왜 어두운 방에 혼자 있어…….

그 후로도 몇 번인가 더 불을 켜지 않은 채 어두운 방에서 혼자 웅크리고 앉아 있는 것을 보았는데요, 초등학교에 입학하면서 낯선 생활에 힘들어하는 것은 아닐까 덜컥 겁이 나더군요.

그러나 유치원 이후 즐겨 들었던 오디오북과 여러 영화 속 주인공들을 언급하며 자신이 감독이 되어 영화를 찍었다고 하더군요. 그 주인공들과 함께 이곳저곳 모험을 다녔다고 구체적으로 설명하기도 하고, 「스타워즈」나 「퍼시 잭슨」 같은 영화 속 장면이 자기가 만든 영화에서는 어떻게 변형되었는지 등을 묘사하는 것을 보고는 놀란 가슴을 진정시킬 수 있었습니다. 방을 어둡게 만든 것도 영화관 같은 환경을 만들기 위한 것이었다고 하더군요. 자기가 만드는 영화 속 주인공들은 한국어를 못하기 때문에 자기가 영어를 더 잘해야 한다고도 했습니다.

15개월부터 영어 그림책을 읽어 줬다고 하면, 혹시 반두의 언어 발달에 문제가 없었는지 궁금해 하는 분들이 많습니다. 이중 언어 환경에서 아이가 혼란을 겪을 수 있다고 생각하시는 거죠.

　사실 만두는 초등학교 입학 전후로 한동안 우리말로 말하기 전에 잠시 머뭇거리곤 했습니다. 마치 오랫동안 외국에서 살다가 잠시 한국에 들어온 교포가 무엇인가 말하고는 싶은데 적절한 우리말이 떠오르지 않아 머뭇거리는 것처럼요. 또한 당시 만두는 학교에서 있었던 일을 이야기하면서 '우리 엄마', '우리 집'이라는 표현 대신 영어식으로 '내 엄마', '내 집'이라고 말하기도 했습니다. 만두 엄마와 저는 솔직히 무척 당황스러웠습니다.

　왜 그럴까? 많은 고민을 했습니다. 초등학교 입학이라는 새로운 환경을 맞이하면서 만두가 언어적으로 혼란을 겪는다고 생각하였습니다. 일단 어린이집이나 유치원에서는 놀이 위주의 수업을 하다가 초등학교에서는 정해진 시간에 맞춰 단체 생활에 적응해야 했을 겁니다. 또한 초등학교 입학 전까지는 엄마 아빠가 읽어 주는 영어 그림책과 영어 오디오북, 영어 영화 등을 통해 우리말보다는 영어에 좀 더 익숙했다면, 학교에서는 새로운 친구들이 사용하는 다양한 우리말을 접하게 되었겠죠.

　결국 시간이 해결할 혼란이었습니다. 말하기 전 머뭇거리고 '내 엄마', '내 집'처럼 영어식으로 말하는 현상은, 집에서 영어 그림책 읽기를 대폭 줄이고 우리말 그림책 비중을 대폭 늘리는 것으로 해결해 나갈 수 있었습니다. 전에는 영어 그림책과 한글 그림책을 8:2 혹은 7:3 정도로 읽어 줬다면, 5:5 혹은 아예 영어 그림책을 읽어 주지 않는 날이 더 많아지게 된 것이죠.

만두는 초등 1학년 동안 학교 권장 도서를 읽으며 우리말 환경에 적응하는 시간을 가지게 되었고, 학교생활을 재미있어 하면서 우리말 말하기는 점차 좋아졌습니다. 그 대신 영어 환경은 예전에 비해 약해졌죠. 하지만, 그전까지 축적된 영어 환경의 영향이 남아 있었기 때문인지 영어 능력이 크게 떨어지지는 않았습니다.

지금 생각해 보면, 한국인 엄마 아빠 사이에서 태어나 전형적인 한국어 환경에서 자라는 동안, 인위적으로 만든 영어 환경에서 지냈던 아이에게는 필연적으로 언젠가 한 번은 찾아올 수밖에 없었던 혼란이었던 것 같습니다. 결과적으로 일시적인 현상으로 끝났지만, 한편으로는 어렸을 적부터 영어 그림책을 읽어 주는 영어 환경의 위력을 그만큼 실감했던 기억으로 남아 있습니다.

> "난 엄마가 쓰는
> 스마트폰이면 돼"

만두는 유치원 입학 전까지 엄마 아빠의 스마트폰을 디지털카메라로 알았습니다. 친구들이 엄마의 스마트폰으로 게임을 하거나 유튜브를 시청하는 것을 보면서 비로소 그 실체를 알게 되었죠. 스마트폰은 최대한 늦게 사 줄 생각이었습니다. 하지만 초등학교를 승용차로 통학하게 되면서 어쩔 수 없이 2학년 때 키즈 폰을 사 주게 되었죠.

키즈 폰은 초등학교 저학년 손에나 맞을 정도로 크기가 작았고 문자와 통화 외 다른 기능은 사용하기에 불편한, 모양만 스마트폰이었습니다. 따라서 학교 알림장을 확인하거나 동영상을 시청해야 하는 숙제는 엄마의 스마트폰을 사용해야 했습니다. 아마 만두는 엄마 폰과 자신의 폰이 성능과 기능면에서 얼마나 차이가 나는지 실감했을 겁니다.

불과 1년 만에 만두의 손에 비해 키즈 폰이 너무 작아져서 만두와 새로운 스마트폰에 관해 이야기할 때였습니다.

아빠 딸, 스마트폰이 작아서 불편하지? 3학년이 되면 새로운 걸로 사 줄게.

딸 정말? (잠시 생각하더니) 그런데 난 엄마 스마트폰이면 돼.

아빠 왜? 새로 사 준다니까?

딸 어차피 지금 내 것보다 더 좋은 스마트폰은 안 사 줄 거잖아? 그냥 나한테 엄마 스마트폰을 주고, 엄마한테나 새로 사 줘.

아빠 (응?)

음, 만두가 똑똑한 거죠?! 결국 집에 보관하고 있던 중고 스마트폰이 아이의 두 번째 스마트폰이 되었습니다. 외관도 깨끗하고 그런대로 사용할 만했거든요.

만두는 스마트폰과 책이 있으면, 일단 책을 먼저 집어 듭니다. 어렸을 적부터 스마트폰 사용을 제한했던 영향도 있겠지만, 만두 스스로 '책 읽기에 비해 스마트폰은 별로 재미가 없다'고

하거든요. '책을 읽을 때는 이야기 속 주인공들과 대화하지만, 스마트폰 게임 속 캐릭터들과는 대화가 안 된다'는 게 이유였습니다.

사실 저는 만두가 책 읽기의 즐거움을 확실히 알고 있고, 그 즐거움은 다른 어떤 자극보다 강하다는 걸 잘 알고 있었습니다. 그래서 고민 없이 새로운 스마트폰 구매를 제안했던 것입니다. 뒤에서 더 말씀드리겠습니다만, 아이가 어릴수록 스마트폰을 비롯한 전자 기기는 손에 쥐여 주지 않는 게 최선입니다.

이런 일화도 있었습니다. 만두가 3학년 1학기였을 때, 한국사를 책 속 지식으로만 이해하지 않도록 코로나19가 끝나면 주말마다 가까운 유적지부터 다녀보자고 제안한 적이 있습니다.

딸 아빠, 이제 3학년이 되어 공부할 것도 많고 오케스트라 연습도 해야 하는 딸의 입장도 생각해 줘. 주말에는 좀 쉬어야 할 것 같아.

아빠 (어른스러운 말투에 당황하며) 그래? 그러자. 방학 때 다니지, 뭐. 그런데 '입장'이라는 말도 알아? 그런 말은 어떻게 알아?

딸 책에도 많이 나오잖아.

아빠 그렇군. 대단한 걸!

딸 아빠, 난 책을 읽을 때 그냥 읽는 게 아니라 머릿속으로 생각하면서 읽고 있어. '입장' 같은 말은 어려운 말도 아니야.

아빠 (^_____^)

자녀가 어릴수록 엄마 아빠가 책을 소리 내어 읽어 주시면 좋습니다. 아무리 생각해 봐도 엄마 아빠가 어린아이에게 해 줄 수 있는 것 중에서 책을 함께 읽는 것만큼 좋은 것은 없는 것 같습니다. 좀 더 편한 방법이 없을까 이것저것 찾을 시간에 차라리 한 권이라도 더 읽어 주는 게 낫습니다. 아이가 어릴수록 엄마와 아빠가 아이를 품에 안고 소재, 분량, 난이도 등에 있어서 다양한 그림책을 영어든 한국어든 소리 내어 읽어 주기만 하면 됩니다.

어린아이에게 내공이 쌓이면, 그동안 책을 힘들게 읽어 준 효과는 한꺼번에 밀려옵니다. 만두는 한글을 깨우치더니만, 일기 쓰고, 시 쓰고, 독후감 쓰고……, 혼자 다 하고 있습니다. 그리고 주저 없이 자신에게 가장 재미있는 놀이는 책 읽기라고 말합니다. 딸을 지켜보며 학습지나 학원, TV, 스마트폰 등 다른 어떤 것도 책 읽기에 비하면 모두 부차적인 것임을 실감하고 있습니다.

> **만두네 불문율 제1호**
> **책 읽기 방해 금지!**

    초등 2학년이 끝나가던 무렵, 집에서 멀지 않은 수산 시장에서 방어회를 사다 먹기로 했습니다. 코로나19가 한참 유행하던 때라 온라인으로 수업이 진행되고 있었는데, 오전 수업을 마치면 점심으로 먹을 수 있겠더군요.
    만두는 재미있게 학교 온라인 수업에 참여했고, 숙제라며 EBS에서 국어와 수학 프로그램을 시청하더군요. 쉬는 시간마다 세수하고 나갈 준비하라고 재촉하면서 만두 엄마와 저도 외출 채비를 마치고 있었습니다. 그리고 드디어 EBS 방송이 끝났다는 음악이 들렸습니다.

아빠 딸, 방송 끝났어? 얼른 옷 입어. 다녀오자.

엄마 그래 얼른 다녀오자. 오후에 미세 먼지도 안 좋대.

딸 ……

아빠 딸? 뭐해? 왜 대답이 없어? 혹시?

딸 ……

아빠 (만두의 모습을 보고) 여보, 오늘 수산 시장 못 갈 수도 있겠다.

엄마 왜?

아빠 만두가 책 읽는다. 그것도 두꺼운 책이야…….

엄마 (거실로 나오며) 응. 그렇네. 그런데, 만두야, 고개 좀 들고 읽어. 책하고 너무 가깝다. 의자에 좀 앉아서 읽지?

2학년 들어 만두가 한글 책을 혼자 읽기 시작하면서 조금 더 강화된 불문율이 있습니다. 조금 전까지 활발히 뛰놀다가도 아이가 갑자기 책을 펼쳐 들고 집중하면, 엄마 아빠의 일상은 중단한다는 것입니다. 이름하여 '만두네 불문율 제1호_책 읽기 방해 금지'입니다.

만두네 불문율 1호가 작동했던 에피소드는 또 있습니다.

언젠가 만두 할아버지 할머니와 함께 경의선 숲길을 따라 걸을 때였습니다. 할머니는 만두 덕분에 경의선 숲길도 와 본다고 좋아하시더군요. 그리고 시집 좀 알아보자며 숲길을 따라 늘어선 서점 한 곳에 들어가셨는데요, 가만히 지켜보고 있을 만두가 아니죠. 할머니를 따라 서점에 들어가더니 결국 책 한 권을 뽑아 읽기 시작하였습니다.

할머니 (책 읽기에 집중하는 만두를 보면서) 쟤는 누굴 닮아서 저렇게 책 읽는 걸 좋아한다니……? 아범 너는 아닌 것 같고…….
만두 아빠 네? 네, 그렇죠.
할아버지 그냥 읽게 내버려둬라. 우리가 좀 기다리자.

만두를 서점에 남겨둔 채 어른들은 모두 밖으로 나와 이런저런 이야기를 나눴습니다. 만두 할아버지는 책 읽기에 진심인 손녀가 기특한지 서점까지 왔다갔다하시더군요.

할아버지 만두가 지금 세 권째 읽는 것 같더라.
만두 아빠 서점에 실례야. 만두야, 할아버지 할머니 기다리시잖아. 책 좀 그만 읽어!
만두 (묵묵부답 + 독서 삼매경)

이처럼 만두 엄마와 저뿐만 아니라 할아버지 할머니도 만두의 책 읽기 환경을 방해하지 않으려 신경을 많이 쓰고 있습니다.

만두의 이런 독서 환경은 역사가 깁니다. 아직 기저귀를 하던 시절부터 아이가 책을 가지고 오면, 엄마와 아빠는 일상을 멈추고 그냥 읽어 줬습니다. 어지간히 급한 일이 기다리고 있는 게 아니라면 말이죠. 할아버지 할머니를 만나기 위해 집을 나서다가도 만두의 책 읽기가 시작되면 전화를 드려 늦겠다고 말씀드리고 읽어 줄 정도였습니다.

어린이집 선생님께 만두는 20분 정도 늦게 등원하겠다고 미리 양해를 구했던 적도 있습니다. 그 당시 만두는 아침에 일어나면 영어 그림책을 읽어 달라고 했었거든요. 아시잖아요? 아침에 아이 밥 먹이고 옷 입히고 등원시키는 게 얼마나 힘든지. 그런데 만두는 영어 그림책도 한 권씩은 꼭 읽어 줘야 비로소 집을 나서려고 했던 것입니다.

아, 그래서 수산 시장에 가기로 한 날, 점심은 집에서 간단히 때웠습니다. 수산 시장엔 아이가 책을 다 읽은 저녁에야 다녀올 수 있었습니다. 이날 읽었던 책은 『아이들만의 도시』(아롬주니어, 2013)라는 소설이었습니다.

6부 기반으로 더 풍성해지는 영어 실력

초등 2~4년

> 영어책을 더 읽어 줬는데,
> 한국어를 더 잘하네?

어느 볕 좋은 주말 오후였습니다. 부녀가 모처럼 둘이서 함께 집에서 시간을 보내고 있는데, 만두가 자기가 쓴 시라며 작은 수첩을 내밀더군요. 초등 2학년 때였습니다.

지구의 왕

멀리멀리
저 멀리

하늘이 말해

주었소

임금이 왕이

아니라

지구촌 시민이

왕

이라고

저에게 시를 읽어 준 딸아이는 '하늘', '임금', '지구촌 시민' 등이 상징하는 게 무엇인지도 설명을 아주 잘하더군요. '임금'과 '왕'은 리더이면서 자기가 하고 싶은 대로 할 수 있는 사람을 뜻하고, 그에 대비되는 개념으로 '지구촌 시민'을 말한 것이랍니다. 그리고 하늘은 신(神)을 뜻하는 것이냐고 물으니 그건 아니고, 지구 밖 우주에서 들려오는 소리라고 하더군요(인간의 목소리가 아니라는 뜻).

예전에 만두는 지구(아마도 세계 혹은 인류를 뜻하는 듯)를 대표하는 리더가 있는지, 그리고 그런 리더가 있다면 왕이라고 부를 수 있는지 등을 제게 물은 적이 있습니다. TV에서 우연히 영화

「1987」의 시위 장면을 보면서 '독재자'의 뜻을 설명해 준 적도 있습니다. 아마도 이런 모든 것들이 「지구의 왕」을 쓰게 된 계기가 되지 않았나 추측해 봅니다.

아이는 학교에서 '시상(詩想)'이라는 단어를 배운 뒤로는 "시상이 떠오르면 바로바로 시를 쓰고 싶다"라는 말을 합니다. 스스로 '재미있는 세상 동시집'이라고 이름 붙인 공책도 갖고 있습니다.

초등 3학년 때는 '제29회 눈높이 아동문학대전'의 동시 부분에서 은상을 수상하기도 했습니다.

아침 이슬

아침 이슬
빨간 단풍잎에 들어가
빨간 불 켰네

아침 이슬
노란 은행잎에 들어가
노란 불 켰네

아침 이슬 똑똑

문을 두드리고

모든 숲 불 켜 주네

어렸을 적부터 영어 그림책과 우리말 그림책을 8:2 정도 비율로 소리 내어 읽어 준 것은 여러 차례 말씀드렸습니다. 그래서 나중에 아이가 영어를 국어보다 더 잘하는 것은 아닐까 생각한 적도 있었죠. 하지만 100퍼센트 한국어 환경에서 딸아이 만두가 지낸 영어 환경, 그러니까 엄마 아빠가 읽어 준 영어 그림책이나 영어 영상물 시청, 오디오북 청취 등은 실제로는 얼마 되지 않았던 겁니다. 엄마 아빠가 만두에게 영어 그림책을 읽어 주느라 시간과 에너지를 많이 쏟아 그렇게 생각하게 되었을 뿐이죠. 어쨌든 아이가 시상을 떠올리고 시를 쓰는 것은, 엄마 아빠가 읽어 준 그림책의 영향이라고밖에는 생각할 수가 없네요. 그 외 다른 이유가 뭐가 있을까요?

> **만두네 불문율 제2호**
> 차 안에서 오디오북 듣기!

올해 초등 5학년이 된 만두가 작년 말부터 푹 빠져 듣고 있는 오디오북이 있습니다. 『Warriors』(Harper Collins, 2003~)』라는 소설입니다. 이번에는 만두의 오디오북 청취사를 한번 정리해 보겠습니다. 그동안 아이가 들었던 오디오북 중에서 대박이었던 것들을 정리하는 것이죠.

만두가 오디오북을 처음 듣기 시작한 것은 유치원에 다닐 때였습니다. 통학하는 차의 시동을 거는 순간부터 하차할 때까지만 오디오북을 들었습니다. 집이나 다른 장소에서는 듣지 않았죠.

첫 번째 대박 오디오북『Magic Tree House』

만두가 유치원에 오가는 차 안에서 처음 들은 오디오북은 『Magic Tree House』였습니다. 첫 반응은 별로였습니다. 듣기 싫다며 엄마 아빠가 직접 읽어 달라고 하더군요. 아무래도 차 안에서 듣는 녹음된 목소리가 낯설었던 것 같습니다. 하지만 딱 한 번만 들어 보자고 몇 번이나 달랬습니다. 그런데, 어느 순간부터 조용하길래 "재미없으면 그만 들을까?" 했거든요? 그랬더니 "그냥 들을래" 하더군요.

그 후 초등 1학년 때까지 거의 1년 동안『매직 트리 하우스』의 50여 개 음원을 들려주었습니다. 1권부터 차례대로 전체 음원을 5~6회는 반복했던 것 같습니다. 권마다 비슷한 상황과 표현이 반복되어 영어 읽기를 처음 시작하는 아이들에게 꽤 괜찮은 소설 시리즈라고 생각합니다.

두 번째 대박 오디오북『Percy Jackson & the Olympians』

만두가『매직 트리 하우스』를 얼마나 잘 알아듣고 있는지 확인할 수는 없었습니다. 하지만, 아이가 집중하여 듣는 게 하도 신기하여 들려줄 음원을 이미 여럿 준비해 놓은 터였습니다.

초등학교에 입학하고 첫 여름 방학이 끝날 무렵, 저는 딸의 영어 듣기에 한 획을 긋는 시도를 합니다. 차만 타면 으레 듣던

『매직 트리 하우스』에 이어 『Percy Jackson & the Olympians』라는 소설의 영어 오디오북을 들려준 것이죠.

『매직 트리 하우스』가 챕터 북 입문 수준이라면, 『퍼시 잭슨』은 청소년 독자를 대상으로 한 본격적인 소설입니다. 문장의 길이나 수가 챕터 북에 비할 바가 아니지요. 아이의 반응을 조심조심 살피는데, 계속 듣겠다고 하더군요! 절대 적지 않은 분량인데, 그 후 전체 음원을 네댓 번은 반복하여 들었던 것 같습니다.

『Percy Jackson & the Olympians』는 제우스, 포세이돈, 하데스 같은 고대 그리스 신들이 지금 미국 어딘가에 실제 존재한다는 설정에서 펼쳐지는 12세 퍼시 잭슨의 모험 이야기입니다. 만두는 이 소설 덕분에 그리스 신화에 관심을 가지게 되었습니다. 오디오북을 들으며 신들의 특징을 줄줄 읊는 것을 보고 집에 그리스 신화 관련 책들을 쫙 준비하게 되었고요.

세 번째 대박 오디오북 『Harry Potter』

『퍼시 잭슨』도 이젠 충분히 들었다고 판단되자 이번에는 『Harry Potter』를 들려줘 봤습니다. 초등학교 2학년 1학기 때였습니다. 그런데 이것도 대박이었죠! 나중에 만두에게 『퍼시 잭슨』과 『해리 포터』중 어느 게 더 재미있는지 물어보니, 정말 심각하게 대답을 망설이더군요.

만두는 『해리 포터』 시리즈를 오디오북으로 한참 듣더니 이어서 영화 여덟 편을 처음부터 두세 번 시청하였습니다. 『해리 포터』 영화들 덕분에 두 시간 정도의 영화를 시청하는 데 무리가 없음을 알게 된 이후에는 『Star Wars』 시리즈로 넘어가게 되었고요.

오디오북 구독 서비스 '스토리텔'

아이가 장편 오디오북도 즐겨 듣게 되었다는 것을 알게 되면서 저의 오디오북 추천은 더 거침이 없어졌습니다. 오디오북을 충분히 들었다 싶으면 영어책 읽기로 자연스럽게 유도했고요.

수잔 와이즈 바우어(Susan Wise Bauer)의 『Story of the World』(Well-Trained Mind Press) 시리즈도 중세까지는 여러 번 들었습니다(이후 역사는 아직 어려워서 책도 권하지 않았습니다).

『Judy Moody』(Candlewick Press), 『A to Z Mysteries』(Random House) 같은 챕터 북에 딸린 오디오북도 정말 재미있게 들었고 책 읽기로 이어졌습니다. 특히 『A to Z Mysteries』 청취 후에는 오디오북 구독 서비스인 스토리텔을 통해 영국 아이들의 모험 이야기인 『Secret Seven』(Brockhampton Press)으로 이어졌습니다. 물론 책 읽기도 함께요.

스토리텔을 통해서는 『A Long Walk to Water』(Sandpiper, 2011), 『Frindle』(Simon & Schuster Books for Young Readers, 1996) 같은 단편 소설도 들었고, 『Captain Underpants 시리즈』(Scholastic), 『The World's Worst Children 시리즈』(HarperCollins Children's Books) 등도 재미있게 들었고요.

스토리텔에서 『Chronicles of Narnia』(HarperCollins)를 한창 듣고 있는데 무슨 일인지 갑자기 음원이 사라지더군요. 만두가 많이 아쉬워하고 있습니다. 혹시 스토리텔 관계자가 보고 계신다면 나니아 연대기를 꼭 살려 주시기를 바랍니다!

네 번째 대박 오디오북 『Warriors』

3학년이 되면서 영어책 읽기와 영어 오디오북 청취가 다소 주춤해졌습니다. 아무래도 중등 학년이 되니 이것저것 새롭게 적응할 게 많기 때문이었겠죠.

2학기부터 다시 영어책 읽기와 영어 오디오북 청취 환경을 조금씩 만들었습니다. 그런데 아이에게 『퍼시 잭슨』과 『해리 포터』에 버금가는 영어책을 찾아 주는 건 쉽지 않았습니다. 그러나! 관심의 끈을 놓지 않고 이것저것 시도한 덕분에 추석 연휴 전후 드디어 적당한 오디오북을 찾아내었습니다! 바로 요즘 아이가 자나 깨나 몰입하여 청취하고 있는 『Warriors』입니다. 저도 자세한 내용은 몰랐습니다. 고양이들이 주인공인 유명한 소설이라는 것만 알고 있었을 뿐이지만 스토리텔에서 한번 들어 보라고 권해 보았죠.

그런데 정말 대박입니다. 만두는 집과 학교로 오가는 차 안에서는 물론, 외출 후 집에 돌아와 손을 씻으러 화장실에 가면서도 듣습니다. 밥이나 간식을 먹는 동안에도 듣고, 산책할 때도 듣습니다. 자기 전 침대에 누워서도 듣고 있고요.

영어 말하기 연습
화상 영어를 활용하다

한국에서 지내면서 영어 듣기와 읽기, 쓰기는 어떻게든 환경을 만들 수 있는데, 영어 말하기는 그리 쉽지 않은 것 같습니다. 엄마 아빠가 영어 말하기를 잘한다면 모를까, 그렇지 않으면 더욱 어렵죠. 동네 도서관이나 문화 센터에서 운영하는 영어 수업에도 보내 봤지만, 아이마다 실력 차이가 있고 여러 명이 함께 하다 보니 아무래도 만두가 외국인 선생님과 온전히 이야기하는 시간은 얼마 되지 않았습니다.

초등 2학년 때 만두가 영어로 말하는 기회를 만들어 주기 위해 고민하다가 화상 영어를 알게 되었습니다. 원어민 선생님과 1:1로 온전히 영어로만 의사소통할 수 있을 것 같았고, 아이의 영어 말하기를 이끌어 줄 수만 있다면 선생님이 꼭 영미권 원어민일 필요도 없다고 생각했습니다.

그해 11월에 레벨 테스트를 신청했습니다. 업체에서는 만두에 대해 꼼꼼히 물어봐 주시더군요. 레벨 테스트 중에는 필리핀에 있는 선생님이 만두가 좋아하는 것을 주제로 말하기를 잘 이끌어 주셨고요. 만두는 흔쾌히 화상 영어를 하겠다고 하였고, 일주일에 두 번씩 수업에 참석했습니다.

화상 영어는 아이의 흥미에 따라 대화 주제를 바꿔 가며 말하기를 이끌어 주는, 소위 '프리 토킹'을 하는 건 줄 알았습니다. 그런데 한 달 정도 진행된 수업을 살펴보니, 선생님은 미리 짜인 교육 과정에 따라 그날의 진도를 나아가려고 노력하는 게 보였습니다. 예습이 필요했고, 그날 배워야 하는 단어를 따라 읽거나 그 단어가 들어간 문제를 풀게 하더군요. 수업 내용과 상관없는 이야기는 피하려는 선생님의 모습도 보였습니다(레벨 테스트 때와는 매우 다르더라고요). 아니나 다를까, 만두는 수업 횟수가 늘수록 지루해 하더군요.

아빠 요즘 화상 영어 어때? 재미있어?
딸 응. 그냥, 뭐, 할 만해.
아빠 재미없는데 억지로 하는 건 아닌가 해서…….

딸 (잠시 생각하더니) 사실 조금 재미가 없긴 해…….

아빠 그렇지? 아빠가 수업 녹화된 걸 보니까 그런 것 같더라. 아빠는 네가 영어로 말하는 시간을 갖게 하려고 한 것인데, 만약 별로 도움이 안 된다면 그만둬도 돼. 다른 방법을 찾아보자.

딸 (뭔가 또 생각하더니) 그런데 이미 돈 냈잖아.

아빠 돈 얘긴 하지 말고…… 너에게 화상 영어가 도움이 되는지 아닌지가 중요한 거지. 하기 싫은 거 억지로 하지 말고 네가 정말 하고 싶은 거 해.

딸 그럼…… 원래 하기로 한 것만 하고 화상 영어는 그만하고 싶어.

아이는 자기 생각을 자유롭게 이야기하는 '대화'를 하고 싶은데, 선생님은 한 방향으로 '수업'을 진행하니 흥미를 잃었던 것이죠.

평소 짧은 시간만이라도 영어로 말하는 시간을 만들면 좋겠는데, 만두의 일과와 비용을 생각하니 결국 다시 온라인 화상 영어로 되돌아가게 되더군요. 그래서 이번에는 수업 진도는 안 나가도 좋으니 아이가 영어로 말을 많이 하는 분위기를 만들어 달라고 업체와 선생님께 미리 부탁을 드렸습니다.

초등 4학년 6월부터 6개월 정도 매주 평일 밤에 30분씩 필리핀에 계신 선생님을 온라인으로 만났습니다. 초등학교 입학 후 다소 느슨해진 영어 환경을 회복하고 영어 말하기를 예전처럼 하게 하려면 시간이 필요하다는 생각이었습니다. 그렇게 3개월 정도 지나니까 여전히 예전만큼은 아니지만, 아이는 확실히 다시 수다스러워지고 있더군요.

수업은 일단 교재로 시작하지만, 그날 있었던 일 등 다양한 주제로 대화를 이어갔습니다. 진도에 연연하지 않고 선생님이 여유를 갖고 진심으로 만두와 의견을 나누는 게 정말 좋았습니다.

한편 선생님이 필리핀에 계시는 건 단점이자 장점이었습니다. 인터넷 연결 상태가 안 좋을 때가 있는 건 단점이지만, 만두가 선생님과 인터넷 연결 문제를 해결해 나가는 과정도 결국은 생활 영어니까요. 그런데 두 번째 화상 영어도 6개월 정도 하고 나니 아이가 조금 지루해 했습니다.

제 블로그에 딸아이의 영어 말하기 환경을 고민하고 있다는 글을 올렸더니 블로그 이웃 한 분이 다른 온라인 북클럽을 소개해 주셨습니다. 미국에 기반을 두고 있는 이 북클럽은 2주 동안 소설 한 권을 읽습니다. 소설을 반으로 잘라 일주일에 절반씩 각자 읽고 온라인에서 선생님과 학생들이 만나 내용을 제대로 이해했는지 확인합니다. 그리고선 특정 주제를 가지고 찬성과 반대로 나누어 토론합니다. 이전 온라인 수업보다는 능동적으로 참여해야 해서 그런지 만두는 이런 프로그램을 진작 시작하지 않은 게 아쉽다고 할 만큼 만족하고 있습니다.

녹화된 수업 영상을 보다가 한 가지 재미있는 사실을 발견하였습니다. 다른 한국인 학생들은 문법적으로 실수하지 않고 정답을 말하기 위해 신경 쓰는 게 느껴진다면, 만두는 자기의 생각을 거침없이 말하는 자신감이 돋보이더군요. 참석 학생 모두 질문에 대답을 잘하니까, 미국인 선생님은 "Great!", "Wonderful!", "Very Good!" 하며 화답합니다.

그런데 말입니다. "선생님의 초등학생 딸도 그런 비슷한 답변을 한 적이 있는데, 재미있다"며 웃음으로 화답하는 건 만두가 대답할 때뿐이었습니다!

> 그래서 만두의 영어 실력이 어느 정도냐고요?

    '언어를 잘한다, 못 한다'라고 평가하는 건 어불성설이라고 생각합니다. 언어를 잘한다는 기준이 애매모호하기 때문이죠. 시험 점수가 잘 나오면 영어를 잘한다고 할 수 있을까요? 영어를 잘하는 것인지, 아니면 영어로 된 시험을 잘 보는 것인지는 생각해 보아야 합니다. 유창한 것과 유창하지 못한 것도 구별해야 하고요.

    올해 초등 5학년이 된 만두의 영어도 잘한다, 못 한다로 평가하기는 애매합니다. 아직 가야 할 길이 많이 남아 있다고 생각하기 때문이죠. 하지만, 그동안 아이의 영어 성장을 유심히 지켜본 아빠로서는 영어 내공은 매우 잘 쌓이고 있다고 자부합니다.

만두의 영어 실력을 듣기-말하기-읽기-쓰기로 나눠 소개하고자 합니다. 어렸을 적부터 엄마 아빠와 함께 다양한 영어 그림책을 읽어 온 아이라면 이 정도 영어는 가능하다고 생각하시면 좋겠습니다.

① 듣기

영어를 듣고 이해하는 수준은 나무랄 데 없습니다. 영어 듣기는 엄마 아빠가 읽어 주는 영어 그림책과 영어 영상물이 전부였다가 유치원 무렵부터는 장편 소설의 오디오북을 듣고 있는데, 전체 흐름과 세부 내용을 잘 파악합니다. 자막 없이 영화나 애니메이션을 볼 때도 전혀 어려움이 없습니다. 초등 2학년 무렵 영화 「스타워즈」의 에피소드 Ⅱ를 볼 때였습니다. "딸, 혹시 한글 자막 읽고 있어?" 하고 물으니, "자막이 있었어?"라고 대답하던 기억이 새롭습니다.

제가 만두의 영어 듣기에서 높이 평가하는 부분은 호흡이 긴 이야기를 듣는 동안 낯선 단어나 표현이 나와도 상황과 문맥을 통해 뜻을 짐작하고 넘어가는 것입니다. 이후 다시 들으며 그 뜻을 좀 더 정확하게 알아가고 있습니다.

② 말하기

영어 말하기는 아이의 영어 환경에서 가장 어려운 부분입니다.

유치원에 다닐 무렵에는 엄마 아빠가 읽어 준 영어 그림책과 오디오북에서 반복해서 들은 문장들을 따라 하는 수준이었습니다. 그런데 초등 1학년 여름 방학부터는 '자신만의 영어'로 말하기 시작하더군요. 아직 문법적인 실수도 있고 자기가 알고 있는 어휘를 소리로 내뱉는 데 어려움이 있기도 합니다.

하지만 자신의 생각을 영어로 표현하고 상대방과 의사소통하는데 망설임이 없다는 점을 강조하고 싶습니다. 나중에 잠시라도 영어를 사용하는 국가에서 시간을 보낸다면 그동안 쌓아온 내공이 소리 언어로 터지는 건 시간 문제라고 생각합니다. 아쉬운 대로 정기적인 화상 영어로 영어 말하기 환경을 유지하고 있습니다.

③ 읽기

만두가 혼자 영어책 읽기를 시도한 건 초등 1학년 겨울 방학부터였습니다. 아빠 엄마의 도움이 필요하긴 했지만 어렸을 적부터 읽어 줬던 영어 그림책들을 소리 내어 읽기 시작하더군요. 지금은 챕터 북이나 웬만한 소설은 국어책 읽듯 혼자 읽습니다.

오디오북으로 여러 번 들었던 『Magic Tree House』 시리즈는 쉽다고 읽기를 건너뛰었고, 초등 3학년 이후 혼자 읽은 영어 소설 중 기억나는 건 다음과 같습니다.

『A to Z Mysteries』 시리즈(Random House)

『A Long Walk to Water』(Sandpiper, 2011)

『How to Steal a Dog』(Square Fish, 2009)

『Wonder』(Random House, 2014),

『When You Trap a Tiger』(Random House, 2020)

『The 13-Story Tree House 시리즈』(Sqare Fish, 2015)

『Lunch Lady 시리즈』(Alfred a Knopf Inc, 2009)

『El Deafo』(Amulet Books, 2014)

『Classic Starts Greek Myth』(Sterling, 2014)

『Island of the Blue Dolphins』(Sandpiper, 2010)

『Ramona the Pest』(Hapercollins Childrens Books, 2020)

『Holes』(Random House, 2000)

『The Doll People』(Disney Pr, 2003)

그런데 최근엔 무슨 생각인지 예전에 엄마 아빠가 반복해서 읽어 줬던 리더스 북이나 캐릭터 그림책들을 꺼내 혼자 조용히 읽는 모습을 자주 봅니다. 소리로 익숙한 이야기를 눈으로 확인하는 과정은 만두의 영어 읽기에 나쁘지 않다고 생각하여 뭐라고 하진 않고 있습니다.

④ 쓰기

영어 쓰기는 초등학교 고학년은 되어야 시작되지 않을까 예상했습니다. 영어책 읽기가 충분하면 영어 쓰기는 저절로 따라온다고 생각했거든요.

『100 Words Kids Need to Read』(Scholastic)라는 워크북 시리즈 여섯 권을 예전에 사다 놓았는데요, 4학년 때인가 그중 한 워크북에 만두가 쓴 글을 보게 되었습니다. 문법을 공부하거나 영어 글쓰기를 따로 연습한 적이 없는데, 인상적인 문장을 하나 발견했습니다.

> There in the pond was a frog.

영어 문장은 일반적으로 주어 다음에 동사가 오죠. 그런데 장소를 강조하기 위해 부사구가 문장 앞으로 나오면 주어와 동사는 서로 자리를 바꾸게 됩니다. '도치 구문'이라고 하죠. 그런데 만두는 도치 구문을 아주 자연스럽게 썼더군요.

아빠 딸, 이런 문장은 어떻게 쓰게 된 거야?('도치 구문'이라고 알아?)
딸 응. 그냥 거기서는 그렇게 써야 자연스러울 것 같았어.
아빠 (속으로 감탄하며) 그렇구나!

문법 용어를 외우고 '공부'했다면, 실제 상황에 부닥쳤을 때 글이나 말로 표현하기 어려운 게 '도치 구문'입니다.

영어를 소리로 충분히 들었다면, 소리 언어와 문자 언어를 맞추는 건 그리 어려운 일이 아니라고 생각합니다. 영어 단어와 문장을 읽기 위해 파닉스를 공부해야 한다고 생각하지 않는 이유죠. 마찬가지로 영어 문법을 공부해야 영어를 읽고 쓰게 되는 건 아니라고 생각합니다. 먼저 영어를 잘하게 되면, 영어 문법은 그냥 따라온다고 생각합니다.

만두의 현재 영어 쓰기는 구어체를 그대로 옮겨 적는 수준이지만, 다양한 영어책을 읽는 시간이 조금 더 늘고 문법 공부와 단어 외우기만 조금 따라주면 곧 손색없는 수준이 될 거라고 확신합니다.

> **만두네 불문율 제3호**
> 뭐든 해 봐, 재미없으면 언제든 그만두고!

만두는 애니메이션 「주토피아」를 극장에서 처음 봤습니다. 그 후 두세 번은 더 본 것 같은데요, 특히 가수 샤키라가 부른 주제곡 「Try Everything」은 전주만 들어도 벌써 고개를 끄떡이며 박자를 맞추곤 한답니다.

그런데 저에게 이 곡은 아이가 좋아하는 신나는 노래일 뿐만 아니라 특별한 의미가 있습니다. 만두는 언젠가는 엄마 아빠의 보호에서 벗어나게 될 테죠. 저는 그때를 고등학교 졸업 무렵으로 예상합니다만, 그때까지 아이가 직간접적인 경험을 많이 쌓기를 바랍니다. 그리고 다양한 시행착오도 겪어 보길 진심으로 바랍니다. 아이 스스로 세상을 바라보는 자신만의 기준과 시각을 정립하는 데 도움이 될 것으로 생각하기 때문입니다.

아이가 엄마 아빠의 가치관 안에 머물게 하고 싶지는 않습니다. 엄마 아빠의 생각이 자신에게 적합한지 그렇지 않은지도 스스로 판단할 수 있게 되기를 바랍니다. 이런 제 생각을 잘 말해 주는 문구가 바로 "Try Everything"인 셈입니다.

그런데 여기서 문구가 하나 더 추가됩니다. '재미없으면 하지 마라!'입니다. 별다른 의미를 못 찾는다면, 끝까지 해내야 할 필요는 없다고 생각합니다. 아이가 일종의 책임감이나 의무감 혹은 엄마 아빠에 대한 미안함 때문에 무언가를 억지로 하는 것은 바라지 않으니까요.

딸에 대한 것이라면 만두 엄마와 저는 언제나 의기투합하지만, 의견이 갈릴 때도 있습니다. 만두 엄마는 아이가 넘어질까 봐, 다칠까 봐, 힘들어할까 봐 등등을 걱정하며 '하지 마라'를 주로 이야기합니다. 반면 저는 아이가 초등학교에 입학한 후부터 직접 해 보고 스스로 판단하라는 뜻에서 '해 봐라'를 주로 이야기합니다.

아이가 뭔가를 할까 말까 고민하는 게 보이면 일단 저는 "Why not!"을 외칩니다. 재미없으면 언제든 하지 않아도 된다는 말도 잊지 않습니다. 그래서인지 예전에는 엄마 눈치를 살피면서 주저한 경우가 많았던 만두는 이제는 아빠의 뜻을 깨달은 듯 적극적으로 행동합니다. 그리고 이런 변화를 지켜본 아이 엄마도 요즘은 저와 함께 "Try everything", "Why not!"을 외치고 있습니다.

'재미없으면 하지 마라!'를 입에 붙이고 살다 보니까 이런 대화가 오간 적도 있습니다.

아빠 딸, 무슨 초등학생이 시험공부를 하나? 100점 안 받아도 돼. 공부하기 싫으면 안 해도 돼!

딸 아빠 맞아? 세상에 딸한테 공부하지 말라는 아빠가 또 있을까? 난 공부할 거야.

아빠 그래? 네가 공부하고 싶다면 공부해야지!

예전에도 그랬지만 저는 이제 곧 중학생이 될 아이에게 "공부 잘할 필요 없다"고 말합니다. 수학을 다소 힘들어하는 만두가 수학 시험을 앞두고 짜증이라도 부리면, "수학은 90점 정도만 받아도 무척 잘하는 것"이라고 말합니다. "평소 90점 받다가 어쩌다 한번 100점을 받아야 기쁘지, 항상 100점만 받으면 다음 시험에서 100점을 받아도 기쁘지 않을 것 같다"라고도 합니다. 무엇보다도 기계도 아니고 인간미가 없다고 말입니다.

실제로 저는 아이가 엄마 아빠의 보호를 받는 20년 동안 공부할 수 있는 양은 정해져 있다고 생각합니다. 만두가 공부를 한다면 조금씩 서서히 양을 늘려 가기를 바랍니다. 그리고 성취감을 점점 크게 느끼기를 바랍니다.

> 아빠가 바라는
> 만두의 미래

초등 3학년이 거의 끝나갈 무렵, 자정이 넘었는데도 만두는 식탁에 앉아 책을 읽고 있었습니다.

아빠 만두야, 이제 자야지?
딸 아빠, 졸린 데 잘 수가 없어.
아빠 왜?
딸 지금 읽고 있는 책이 너무 재미있어서 중간에 멈출 수가 없어.

이런 대화는 억지로 책을 읽게 하거나 논술 학원에 다니게 한다고 가능한 게 아니라고 생각합니다. 아이 스스로 책 읽기의 즐거움을 알아야 가능하죠. 그러나 주변을 돌아보면, 아이의 언어 발달과 관련된 오해를 발견하게 됩니다. 문자를 읽고 쓸 줄 알아야 책을 읽을 수 있다고 생각하는 것입니다. 그래서 아이가 연필을 손에 쥘 수만 있어도 점선을 이어가며 문자를 가르치려고 노력합니다. 듣기-말하기가 충분하면 문자를 배우고 쓰는 정도는 저절로 따라오는데 말이죠.

눈에 보이는 글자를 읽는 게 중요한 게 아니라, 그 글로 표현되는 작가의 생각과 이야기의 즐거움을 아는 게 먼저여야 합니다. 아이의 자발적인 독서 습관에서 문자는 부차적입니다.

만두가 태어나기 전, 저는 아이가 엄마 아빠의 보호 속에서 성인으로 성장하기까지 20년이 걸린다고 예상하였습니다. 만두가 올해 초등 5학년이니 절반 이상이 지났군요. 이제 전반 10년의 성과를 바탕으로 후반 10년을 준비할 때입니다.

만두가 태어나기 전에 아이의 영어를 위해 세웠던 목표는 두 가지였습니다.

① 아이의 영어는 습득되어야 한다(시험을 위한 도구가 되어선 안 된다).
② 아이가 영어책이든 한국어 책이든 책 읽기의 즐거움을 깨달

게 한다.

만두는 저의 예상보다 훨씬 빨리 이 두 목표를 달성했다고 생각합니다. 그런데 전혀 예상하지 못했던 의외의 반전이 있습니다.

첫 번째 반전은 딸아이가 혼자 책을 읽고 상상하고 글 쓰는 걸 '놀이'라고 부를 만큼 책 읽기의 즐거움에 푹 빠져 있다는 것입니다. 책에 대한 거부감을 뛰어넘은 수준이 아니라 책 읽기의 즐거움을 깨닫는 수준까지 간 것이죠.

두 번째 반전은 그림책 읽기를 통해 오랜 기간 쌓아 온 엄마 아빠와의 끈끈한 유대감입니다. 모녀지간의 유대감도 강하지만, 부녀지간의 유대감은 특별하다고 생각합니다.

세 번째 반전은 창의력과 사고력입니다. 엄마 아빠가 읽어 주는 이야기를 듣든, 아이 스스로 책을 읽든, 영어책과 한국어책 속의 다양한 이야기는 아이의 두뇌, 그러니까 전두엽을 자극하는 것 같습니다. 이런 두뇌 자극은 아이가 언어 능력을 바탕으로 수학이나 과학, 역사, 사회 등 다른 분야로 관심을 넓히는 계기가 되었다고 믿습니다.

그동안 만두는 영어를 우리말처럼 습득하였고, 책 읽기와 글쓰기를 통해 세상에 대한 호기심과 이해를 넓혀 왔습니다. 후반 10년 동안에는 영어로 쓰인 서양의 고전 인문학을 섭렵하는 준비 기간이 되기를 바랍니다. 다양한 유럽 언어(고대 그리스어, 프랑스어, 독일어 등)로 쓰여 있는 서양 고전을 읽기 위해 그 언어들을 다 배울 수는 없죠. 하지만 영어로 번역된 것이라면, 우리말 번역본이나 요약본이 전달할 수 없는 원전의 메시지를 최대한 흡수하는 데 분명히 도움이 될 것으로 생각합니다.

아이가 모국어로 습득한 영어 능력을 이용하여 서양의 고전을 읽는다면, 앞으로 살아갈 미래가 어떻게 펼쳐지든, 어떤 일을 하든 가장 중요한 기본기를 갖추게 될 것입니다. 이보다 확실하게 미래를 준비하는 것도 없을 것 싶습니다.

사실 영어는 제가 아이의 미래를 위해 준비하고 실천하고 있는 것 중 일부입니다. 영어와 같은 언어는 자기 생각을 전달하고 다른 이의 생각을 이해하는 수단일 뿐입니다. 이 수단을 이용하여 자기 생각을 키우고 표현하는 게 훨씬 더 중요하다고 생각합니다.

딸아이의 10년을 준비한다고 하니 대학 입시를 떠올리는 분도 있을 것입니다. 저는 만두뿐만 아니라 모든 우리나라 아이들이 각자의 색깔을 유지하기를 바랍니다. 초등학교 입학 전까지는 비교적 자신만의 색깔을 잘 간직하고 있는 것 같습니다. 그런데 초등학교에 입학하고 학년이 올라갈수록 점차 자신의 색깔을 잃어가는 것 같습니다. 왜 그럴까요? 대학 입시라는 한 방향으로 뛰기 때문은 아닐까요?

대학 졸업장 유무에 따라 임금 격차가 발생하고 주어지는 기회가 달라지는 사회 구조 속에서 대학 입시라는 목표를 무시할 수는 없을 것입니다. 그러나 저는 쉽지는 않겠지만 만두가 최대한 오랫동안 자기의 색깔을 유지하게 하려고 합니다. 대학 입시조차 딸아이가 스스로 결정할 수 있기를 바라는 것입니다.

7부 정말 생각해 봐야 합니다

> 영혼 없는 책 읽기,
> 초독서증

네이버 어학사전에서 '읽다(read, 讀)'를 검색해 보면, 표준국어대사전은 무려 열한 가지, 고려대한국어대사전은 일곱 가지 뜻을 나열하고 있습니다. 이렇게 다양한 상황에서 사용되는 '읽다'라는 동사의 쓰임은 대략 다음 두 가지로 정리할 수 있습니다.

첫 번째는 '아이가 책을 또박또박 잘 읽는다'처럼 글이나 글자를 그 음대로 소리 내어 말로써 나타내는 것입니다. 두 번째는 글이나 글자뿐만 아니라 소리, 그림, 사람의 마음이나 어떤 상황을 헤아려 알거나 이해하는 것입니다. 두 '읽다'는 얼핏 비슷해 보이지만 차이가 있습니다. 그리고 그 차이는 어린아이의 책 읽기에 대한 엄마 아빠의 오해에서 더욱 분명해지는 것 같습니다.

한글은 쉽게 배울 수 있는 문자 체계라는 걸 최근 다시 한 번 느낄 수 있었습니다. 외국인들이 우리나라 곳곳을 둘러보는 TV 예능 프로그램에서 한국을 처음 찾은 형들에게 한국에 사는 막내가 한글을 설명하는 장면이었습니다. 설명을 들은 형이 스마트폰으로 한글의 자음과 모음을 검색하더니, 곧 카페 안 표지판의 '반납대'라는 글자를 비교적 정확한 발음으로 읽더군요. 물론 '반납대'가 무슨 뜻인지는 전혀 알지 못하고요.

우리나라 부모님들은 대부분 '어려서부터 책을 읽으면 아이에게 여러 모로 도움이 될 것'이라고 생각하는 것 같습니다. 만두가 태어나기 전에 읽은 책 『푸름이 이렇게 영재로 키웠다』(푸른육아, 2011)에서 '푸름이'는 생후 27개월에 한글을 배워 30개월부터 스스로 책을 읽었다고 하더군요. 동생 '초록이'도 세 돌 무렵 한글을 배웠고요. 당시 저는 '오호, 나중에 우리 아이에게도 일찍 한글을 가르쳐야겠다. 그러면 푸름이처럼 어려서부터 책을 많이 읽고 지식도 많아지겠지'하고 생각했습니다.

워낙 쉬운 문자 체계여서 우리말을 곧잘 하는 아이라면 실제로 네댓 살만 되어도 자음과 모음의 형태와 소릿값을 구분하며 단어들을 읽어 나갈 수 있습니다. 그런데 말입니다. 배경지식이 적은 어린아이가 글자의 형태와 소릿값을 구분할 줄 안다고,

그래서 혼자 책을 읽는 걸 정말 '읽는' 것이라고 할 수 있을까요?

책 읽기는 생각보다 매우 복잡한 과정을 거치는 두뇌 활동입니다. 일단 문자의 형태와 소릿값을 구분할 줄 알아야 하고, 문자와 문자가 결합하여 새로운 소리와 뜻을 만들어 내는 원리를 이해해야 합니다. 그리고 방금 읽은 단어와 표현이 문장에서 어떤 의미를 갖는지도 알아야 하고, 개별 문장은 문맥 속에서 어떤 역할을 하는지도 살펴야 합니다. 낯선 단어나 표현이 나와도 상황과 문맥을 통해 뜻을 짐작하고 넘어가야 하기도 합니다. 이 모든 과정이 순식간에 일어나죠.

하지만, 책 읽기에서 무엇보다도 중요한 것은 오랜 기간 직간접적으로 쌓아온 경험입니다. 책을 읽고 해석하는 데 필요한 배경지식이 있어야 한다는 뜻입니다. 글자를 구별하는 능력은, 글자(문자)로 써진 단어의 뜻과 쓰임새를 이해하고 문장을 이해하고 단락을 이해하는 것과 전혀 상관이 없습니다. 오랜 시간 쌓인 경험과 배경지식이 글자(형태와 소리)를 구별하는 기본적인 언어 능력과 결합해야 비로소 단어와 문장의 뜻을 제대로 이해할 수 있게 되는 것입니다.

결론적으로 아직 단어의 뜻을 이해하는데 필요한 경험과 배경지식이 적은 아이는 글자만 기계적으로 소리 내어 읽을 가능성이 큽니다. 읽지만 읽는 게 아니라는 뜻입니다.

제가 어린아이의 문자 학습을 부정적으로 바라보는 이유는 하나 더 있습니다. 전 세계에서 우리나라에만 있다는 정신 질환 '초독서증'(Hyperlexia, 하이퍼렉시아) 때문입니다. 초독서증은 글자와 숫자 등 문자를 너무 일찍 배운 아이가 문자를 보고만 있어도 편안함을 느끼게 되면서 계속 책에 집착하게 되고, 결국 사회성이 떨어지게 되는 일종의 후천성 자폐증이라고 합니다. 만약 아직 어린아이가 그림 하나 없이 글자만 가득한 책을 읽고 있다면 초독서증은 아닌지 의심해 봐야 합니다. 쉬쉬하느라 잘 알려지지 않아서 그렇지, 우리나라 영유아 중 정신과에서 초독서증으로 진단을 받는 아이들이 의외로 많다고 하는군요.

'상상력'의 뜻을 사전에서 찾아보면 '실제로 경험하지 않은 현상이나 사물에 대하여 마음속으로 그려 보는 힘'이라는 정의가 나옵니다. 어떤 이야기를 듣거나 어떤 사물을 보고 마음속에 어떤 이미지를 그릴 수 있는 고도의 두뇌 활동이라는 뜻입니다. 이런 상상력은 엄마 아빠의 품에 안겨 소리 내어 읽어 주는 그림책 속 이야기를 들을 때 최고로 발휘된다고 생각합니다.

초등학교 입학 전까지는 어린아이가 글자의 형태와 소릿값에 신경 쓰지 않고 그림책 속 그림을 보며 엄마 아빠가 읽어 주는 이야기를 들으며 상상력을 발휘하는 게 무엇보다 중요하다고 생각합니다. 글자의 형태와 소릿값을 구분하기 시작하면 그림보다는 글자 해독에 집중하게 되기 때문입니다.

어린아이에게 문자를 가르치면 안 된다고 말하려는 것은 아닙니다. 엄마 아빠가 읽어 주는 그림책 속 이야기에 흠뻑 빠져 이야기의 즐거움을 아는 아이라면, 나이와 상관없이 글자를 배워도 괜찮다고 생각합니다. 아이가 먼저 글자에 관심을 보일지도 모릅니다. 다만 아직 아이가 어리다면 한번쯤 문자 조기 교육이 초래할 수 있는 부정적인 영향을 짚어 보자는 것입니다. 아이에게 정말 중요한 게 무엇인지 생각해 보는 기회가 되면 좋겠다는 것입니다.

만두가 두 돌쯤 되었을 때 이런저런 자료를 찾다가 유럽에서는 취학 전 문자 교육을 법으로 금지한다는 기사를 보게 되었습니다. 권장하지 않는 수준이 아니라 법으로 아예 금지한다니 이유가 궁금하지 않을 수 없었습니다. 제가 알아본 사례는 다음과 같습니다.

핀란드, 독일, 영국을 비롯한 유럽 국가들과 이스라엘에서는 7~8세 이전, 그러니까 우리나라로 치면 취학 전 아이들에게 문자를 가르치지 못하게 합니다. 이 시기의 어린아이들이 문자(알파벳, 숫자)를 배우느라 글자 하나하나의 모양과 소릿값에 집중하게 되면, 그림책 속 그림과 이야기를 통한 상상의 기회가 적어지게 되는 것을 우려하기 때문입니다. 상상력은 나이를 먹으면서 풍부해지는 게 아닙니다. 상상력이 발달하는 시기는 정해져 있고, 아직 문자를 깨우치기 전 상상력은 극대화됩니다. 유럽 국가들은 그 중요성을 너무나 잘 알고 있고 사회적으로 공감대가 형성되어 있는 것입니다.

머리를 망치로 맞은 듯 큰 충격을 받았습니다. 아이든 어른이든 막연히 '책을 많이 읽으면 좋다'라는 생각만 했을 뿐 문자를 일찍 배우면 아이의 상상력 발달에 해로울 수 있다는 생각은 해 본 적이 없었으니까요. 그 후 영어든 우리말이든 아이의 언어 환경을 만드는 데 유럽의 사례는 중요한 생각거리가 되었고, 실제로 만두는 초등학교 입학 전까진 엄마와 아빠가 읽어주는 그림책으로 듣기와 말하기에만 집중하게 되었습니다.

> **기억합시다,
> '옆동우서'**

    혹시 '옆동우서'라고 들어 보셨는지요? 어떤 분은 '아파트 옆 동에 사는 우서'라는 아이를 말하는 거냐고 하시던데요. 일단 '옆' '동' '우' '서' 네 글자를 다섯 번만 소리 내어 읽어 주시기 바랍니다. 중얼거리기만 하셔도 좋습니다!

    옆. 동. 우. 서.
    옆. 동. 우. 서.
    옆. 동. 우. 서.
    옆. 동. 우. 서.
    옆. 동. 우. 서.

어색하더라도 꼭 소리 내어 읽어 주시기 바랍니다. '옆동우서'의 뜻은 잠시 후 설명드리겠습니다.

세상에 막 태어난 아기를 처음 품에 안은 부모라면 열이면 열, 아기를 보며 '건강하게만 자라다오'라고 생각하지 않을까요? 낮과 밤을 가리지 못하는 100일 동안 엄마 아빠는 밤잠 설쳐가며 아기만 바라보며 어르고 달랩니다. 눈도 못 맞추는 아기에게 엄마 아빠는 뭐라고 뭐라고 계속 말을 건넵니다. 어쩌다 아기가 웃음만 지어도, 심지어 하품만 해도 박장대소하며 좋아합니다.

누워만 있을 줄 알았던 아기는 어느새 혼자 힘으로 바닥에 앉게 되고, 뭐든 손에 잡히면 붙들고 일어서려고 하죠. 기저귀로 도톰해진 엉덩이로 아장아장 걷는 아기가 행여 넘어질까 부모는 조마조마하면서 뒤따르기도 합니다. 한두 마디 말이라도 내뱉기 시작하면 우리 아이가 언어 천재는 아닐지 내심 기대도 하게 됩니다.

그런데 시간이 지나면서 엄마 아빠가 슬슬 달라지기 시작합니다. 남편은 육아와 교육을 아내에게 미루고, 아내는 유튜브와 블로그를 비롯한 다양한 경로를 통해 사교육(학습지, 교구, 전집 등등) 시장을 찾아다니게 됩니다. '이제 우리 아이도 뭔가 시작해야 하지 않을까?' 하면서요.

우리 아이가 영재일지도 모른다는 생각에, 혹은 영재가 되기를 바라는 마음에 소위 영재 교육원을 기웃거리기도 할 거고요. 아이가 자라 어린이집에라도 다니게 되면 엄마들끼리 "저 집은 무슨 학습지를 시킨다더라", "그 집은 무슨 전집 들였다더라" 하며 정보를 공유하기 시작합니다.

초등학교에 입학하면 동네 학원 정보를 꿰뚫고 웬만한 학습지나 교재는 각기 장단점을 파악하게 되죠. "그 집은 영어 뭐 해? 수학은 잘해?", "그 집 애는 학원 보내? 어느 학원? 학습지도 시켜?" 하면서 옆집을 통한 정보 수집을 시작합니다.

그런데 혹시 우리나라 교육을 망치는 주범이 누구인지 아시나요? 바로 옆집 아줌마라고 하더군요. 옆집 아줌마만 만나면 우리 집 육아 정책이 바뀌기 때문이라네요. 요즘은 유튜브와 블로그를 통해 전파되는 지나치게 다양한 정보도 한몫하는 것 같습니다.

우리나라 교육 현실을 제가 너무 과장했나요? 어떻게 생각하시든 이 글을 읽고 계신 부모님들께 제안하고 싶은 것이 있습니다. 바로 '옆동우서'입니다.

'옆동우서'는, 육아와 교육에 있어서 '옆집 아이가 동쪽으로 가면 우리 아이는 서쪽으로 간다'라는 뜻입니다. 그 뜻이 널리 알려지기를 바라며 제가 만들어 낸 신조어입니다.

지금은 고인이 되신 이어령 선생님께서도 모든 아이를 한 방향으로 뛰게 하면 1등은 한 명밖에 없지만, 그 아이들이 각자 뛰고 싶은 방향으로 뛰게 하면 모두가 1등이 될 수 있다고 하셨죠. 옆집 아이보다 우리 아이가 좀 느리면 어떻습니까? 저마다 성장 속도가 달라서 그런 것인데요. 아이들은 기계가 아니잖아요. 옆집은 뭘 하든 비교하지 않고 우리 아이만 바라보며, 우리 아이의 길을 응원하고 지켜봐 주는 엄마 아빠가 늘어나면 좋겠습니다. 예전에 아이가 처음 태어났을 때 품 안의 아기에게 되뇌었던 말은 무엇이었는지 기억을 되살려 보시면 좋겠습니다. 우리 아이 교육에 있어서 정답은 아이에게 있다고 생각합니다. 아이가 기준이 되어야 합니다.

> **스티브 잡스는 왜 자녀의
> 전자 기기 사용을 금지했을까?**

얼마 전 집 근처 대형 쇼핑몰을 거닐 때였습니다. 옆에서 걷던 딸이 제 팔을 흔들며, "아빠, 저거 봤어?"라고 묻더군요. 어느 젊은 부부가 유모차를 밀며 걸어가고 있었습니다.

아빠 저 부부?
딸 아니, 유모차에 타고 있는 아이…….

만두는 유모차 속 어린아이를 말한 것이었습니다. 서너 살 쯤 된 사내아이는 앞으로 몸을 기울인 채 양손으로 스마트폰을 움켜쥐고 있었는데, 스마트폰과 얼굴이 거의 붙을 기세여서 만두의 눈에도 염려스러웠나 봅니다. 꼬마 녀석은 그렇게 이미 오랜 시간을 보낸 듯 두 눈을 연신 비비고 있었습니다.

어린아이가 스마트폰을 능숙하게 조작하는 모습은 더 이상 낯설지도 않습니다. 스마트 기기는 이제 생활 필수품이 되었으니 이왕이면 일찍부터 다루게 하는 게 좋을까요?

어린아이의 두뇌 움직임을 살펴본 실험이 있었습니다. 관찰 대상은 초등학교 저학년 여자아이였는데요, TV를 볼 때는 전두엽의 움직임이 거의 보이지 않았습니다. 반면 시각 정보를 받아들이는 후두엽은 움직임이 관찰됐고요. 그런데 그 아이가 책을 읽을 때는 전두엽이 반짝거리며 활발하게 움직이면서 후두엽도 간헐적으로 반짝거리더군요(전두엽과 후두엽은 2부에서 말씀드렸습니다). 이 실험에서 TV는 컴퓨터, 스마트 기기 등 영상을 보여 주는 모든 전자 기기를 뜻하는 것이었습니다.

책을 읽는 것은 문자 해석을 바탕으로 단어와 문장을 이해하고 문장과 문장의 관계를 살펴 문맥을 파악하는 두뇌 활동으로, 고차원의 사고 능력이 필요합니다. 즉 전두엽이 활발하게 움직여야 합니다. 직접 책을 읽든 아니면 누군가 읽어 주는 것을 듣든, 전두엽이 활발하게 움직이는 건 같습니다. 엄마 아빠가 읽어 주는 이야기를 듣는 아이의 전두엽은 말할 것도 없죠.

하지만 전자 기기에서 쏟아져 나오는 화려한 시각적·청각적 자극은 전두엽의 움직임을 방해합니다. 즉 영상을 시청할 때는 전두엽이 움직이는 사고 능력은 필요하지 않다는 뜻입니다.

얼핏 생각하면 빌 게이츠나 스티브 잡스 같은 IT 업계의 상징적인 인물들은 어린 자녀들에게 전자 기기의 활용을 적극적으로 장려했을 것 같지 않습니까? 그런데 두 사람은 일찍부터 스마트폰을 비롯한 전자 기기의 폐해를 잘 알고 있었던 것 같습니다. 자녀들이 일정한 나이에 도달할 때까지는 컴퓨터 사용과 스마트폰 소유를 엄격히 금지했다고 합니다. 빌 게이츠는 자녀들이 14세가 되기 전까지는 스마트폰 소유를 허락하지 않았고, 스티브 잡스도 아이폰과 아이패드의 사용을 엄격히 금지했다고 하더군요.

어린아이는 엄마 아빠와 상호 작용하면서 지적인 성장을 합니다. 빌 게이츠와 스티브 잡스는 아이들이 시각적·청각적 자극이 가득한 영상물에 정신을 빼앗기면 정작 엄마 아빠를 포함한 다른 사람과의 기본적인 상호 작용을 소홀히 하게 된다는 사실을 잘 알고 있었던 것입니다. 다른 집 자녀들에게는 전자 기기를 손에 쥐게 하면서, 정작 자기 자녀들은 철저하게 아날로그식 교육을 했던 것이죠. 저는 화가 나더군요.

'중독'의 의미를 한번 생각해 보고 싶습니다. '중독'의 사전적 의미는 '어떤 사상이나 사물에 젖어 버려 정상적으로 사물을 판단할 수 없는 상태'입니다. 이미 스마트폰에 중독되어 판단 능력이 현저히 떨어졌는데, 아이가 스스로 그 폐해를 깨닫고 자제력을 발휘하는 게 가능할까요? '중독'이라는 단어는, 스마트폰 이전에 마약, 도박, 흡연 등에서 이미 널리 사용되어 온 단어임을 생각해 주시기 바랍니다.

디지털 영상 시대라며 어린아이들의 스마트 기기 사용을 대수롭지 않게 여기는 부모님들을 자주 봅니다. 요리 같은 건 글이나 말로 설명하기 어렵습니다. 종이 접기, 자동차 수리, 전자 제품 사용법, 엑셀이나 영상 편집 프로그램 같은 것도 영상으로 배우는 게 더 빠르고 효율적인 것 같습니다.

그러나 인류의 모든 지식을 영상으로 설명할 수는 없습니다. 종이책을 e-book으로 전환하는 것도 한계가 있습니다. 결국 우리 아이들은 종이책을 읽고, 생각하고, 글이나 말로 그 생각을 표현할 줄 알아야 합니다.

> **아빠들이 그리는
> 큰 그림**

이 책을 읽고 계시는 독자가 혹시 아빠라면 육아와 아이 교육에 관심 많은 멋진 분이십니다. 반갑습니다!

엄마들은 임신 10개월 동안 태동을 느끼며 몸 안에서 생명이 자라는 신비를 고스란히 체험합니다. 그리고 출산과 육아에 필요한 몸 상태로 변해가면서 의식하든 그렇지 않든 모성애를 자연스럽게 일깨우게 되는 것 같습니다.

하지만 아빠는 엄마처럼 생명의 신비를 몸소 느낄 만한 기회가 없습니다. 그래서인지 부성애를 자연스럽게 일깨우는 데는 한계가 있는 것 같습니다. 그런 의미에서 저는 운이 좋았습니다. 아기와의 나이 차를 자각하면서 일찍부터 부성애에 눈을 뜨기 시작했으니까요.

가장 이상적인 육아는 공동체가 함께하는 육아입니다. 예전에는 엄마 아빠 외에도 가족 공동체의 어른들이 육아를 분담했습니다. 아이는 어른들과 상호 작용하며 공동체의 언어와 예절 같은 규범을 배울 수 있었죠. 지금은 핵가족 시대가 되면서 육아는 온전히 육아 경험이 없는 엄마와 아빠의 몫이 되어버렸습니다. 그런데 육아에 관해 본능적으로 움직이는 엄마와는 달리, 아빠는 대체 뭘 어떻게 해야 할지 모릅니다. 이런저런 이유로 육아와 아이 교육을 엄마에게만 미루며 반쪽짜리 육아 환경을 만들게 됩니다. 아빠가 아이 엄마와 함께 육아와 교육에 관심을 쏟는다면, 엄마 혼자 분투할 때보다 아이의 정신적·신체적 발달에 더 긍정적인 효과가 있으리라고 추측하는 건 당연합니다.

아빠의 육아 휴직을 바라보는 사회적 분위기는 몇 년 사이에 많이 바뀐 것 같습니다. 회사에 육아 휴직 제도가 있다면 용감하게 신청하시면 좋겠습니다. 그리고 그 기간에는 육아와 교육에 전념하시면 좋겠습니다. 아빠의 이런 결정은 머지않아 몇 배 더 큰 보상으로 돌아올 겁니다.

육아와 교육에 관한 엄마들의 정보력과 네트워크는 막강합니다. 솔직히 아빠들은 따라갈 수 없죠. 그렇다면 당장 필요한 육아와 교육 정보는 아내에게 맡기고 한걸음 뒤로 물러서서 좀 더 큰 그림을 그리면 어떨까요? 넘쳐나는 정보 속에서 엄마가 자칫 방향을 잃더라도 큰 그림이 있는 아빠 덕분에 균형을 잡을 수 있을 테니까요.

당장의 아이 뒷바라지에 바쁜 엄마 대신 아빠는 아이의 다음 성장 단계를 준비하는 차원에서 자료도 찾아보고 주변에서 조언을 구해 아이 엄마와 상의할 수도 있습니다. 아이에게 읽어 줄 책을 미리 알아보고 구하는 일을 전담하면서 그림책을 더 읽어 줄 수도 있고요. 엄마 혼자라면 다섯 번밖에 못 읽어 주지만 아빠가 함께하면 열 번, 아니 그 이상 더 많이 읽어 줄 수 있을 테니, 어쨌든 아빠가 육아와 교육에 참여하는 건 실보다는 득이 더 클 수밖에 없습니다.

난생처음 아빠가 되기도 했고, 그렇다고 회사 일이 줄어드는 것도 아니어서 많이 힘들 겁니다. 하지만 엄마 못지않게 아빠와도 친밀감이 높은 아이를 보며, '그때 육아와 교육에 관심을 쏟고 함께한 건 참 잘한 일이었어!'라고 흡족해하실 날이 꼭 올 겁니다. 어려움 뒤에 찾아오는 행복이 더 큰 법이니까요.

> 네 뒤에는 항상
> 아빠가 있을 거야!

20개월 된 만두가 한창 걷기를 연습할 때였습니다. 혼자 힘으로 걷는 게 재미있는지, 제가 출근하고 나면 밖으로 나가자고 엄마에게 무척 졸랐나 봅니다. 주말이면 "만두 좀 데리고 나가라"며 만두 엄마는 저에게 아이의 손을 쥐여 주곤 했었죠.

당시 살던 아파트 바로 앞에는 천(川)을 따라 산책길이 잘 조성되어 있었는데요, 주말 아침이면 만두와 그 길을 걷는 게 큰 즐거움이었습니다. 손을 잡고 나란히 걷기도 했지만, 저는 주로 아이의 뒤를 따라 조용히 걸었습니다. 아이가 아빠를 의식하지 않고 자기가 가고 싶은 곳은 다 가 보게 하고 싶었거든요. 따라가다 위험해 보일 때만 적당히 잡아 주었습니다. 그런데 만두가 쉽게 적응하지 못하는 게 있었으니, 바로 놀이터의 미끄럼틀 계단이었습니다. 무릎 높이 계단을 오르는 건 아직 어려웠던 것이죠.

그날도 놀이터에서 딸아이의 뒤를 따라 걷고 있었습니다. 아이는 무슨 생각인지 미끄럼틀 쪽으로 다가가더군요. 한쪽 철제 난간을 양손으로 잡고 왼발을 올려 보기도 하고 오른발을 올려 보기도 하더군요. 위로 한 칸 올라가기 위해 어떻게 해야 할지 모르겠나 보더라고요.

'몇 번 더 시도하다 안 되면 다른 곳으로 가겠지'라고 생각할 때였습니다. 딸아이는 뒤도 돌아보지 않고 오른손을 머리 위로 올렸습니다. 계단을 오를 수 있게 손을 잡아 달라는 뜻이었죠. 저도 모르게 얼른 아이의 손을 잡아 줬고, 만두는 그렇게 제 손을 잡고 난생처음 미끄럼틀 위까지 오를 수 있었습니다. 아빠의 손을 잡고 계단을 다 올랐을 때 아이는 정말 밝은 표정을 지었습니다. "내가 해냈다!"라는 성취감과 기쁨의 표정이었습니다!

이날의 경험은 그 후 오랫동안 제 기억에 남게 되었습니다. 그리고 지난 10년 동안 추구한 교육 철학이 되었습니다. 거창한 건 아니지만, 제 교육 철학을 말씀드리면 이렇습니다.

아이가 좌절과 성취를 직접 느끼게 하자.
언제든 아빠에게 도움을 요청할 수 있음을 알려 주자.
그리고 도움을 줄 수 있도록 항상 준비하고 있자.

아이는 누가 시키지 않아도 스스로 뒤집고, 기고, 일어서고, 걷고, 계단을 오르고, 뜁니다. 때가 되면요. 기대만큼 따라오지 못한다고 부모가 아이를 밀고 끌고 당기면, 아이는 시행착오를 통해 스스로 배우는 기회를 잃어버리게 되고, 그만큼 자신만의 성취감을 맛볼 수 없게 될 것입니다.

하나둘 작은 성취감이 쌓여 자신감이 되고, 자신감은 아이의 자존감으로 나아갈 것입니다.

8부

만두 아빠의

영어 컨설팅

제가 운영하는 '만아영' 블로그에서 아이의 영어 환경을 위한 컨설팅을 진행한 적이 있습니다. 약 서른 분이 응모하셨는데요. 이 분들을 대상으로 진행한 컨설팅 가운데 나이대별로 대표적인 사례들을 추려 소개합니다. 비슷한 나이의 자녀를 둔 독자 여러분들께 실질적인 도움이 되길 바랍니다.

> **4개월 윤아 양 사례**

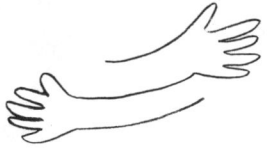

안녕하세요, 윤아 어머님.

'어린 자녀의 영어 환경 컨설팅'에 신청해 주셔서 감사합니다. 앞으로 윤아의 영어를 비롯한 언어 발달에 제 의견이 어떤 식으로든 영향을 미칠 수 있다고 생각하니 책임감이 커집니다만, 한번 가볍게 읽어 주시면 어떨까 합니다.

영유아 때부터 시작되는 언어 환경

윤아는 지금 4개월 정도 되었다고 하셨죠? 윤아가 앞으로 우리말을 배우게 되는 과정을 한번 정리해 보겠습니다.

지금 윤아 어머님은 엄마와 눈을 겨우 맞추는 윤아를 안고 윤아에게 우리말로 말을 걸고 있을 것입니다. 이때 윤아가 엄마의 한국어를 그대로 이해하리라 기대하진 않으시죠. 윤아 어머님뿐만 아니라 가족 모두 윤아에게 말을 걸 텐데요, 그 누구도 윤아 같은 갓난아이가 말을 이해하리라고는 생각하지 않을 겁니다. 앞으로 이해하게 될 거라는 기대만 하는 것이죠.

네, 그렇습니다. 지금 윤아는 주변 어른들의 우리말을 들으며 어른들과 상호 작용을 하고 있습니다. 이런 시간이 거의 1년은 되어야 윤아는 처음 '엄마'라는 소리를 입 밖으로 내뱉게 될 것입니다. 그렇게 우리말 듣기와 말하기가 발달하면 문자를 배워 읽기와 쓰기가 가능해집니다.

그런데 미국에서 태어난 영유아들이 영어를 배우는 과정은 어떨까요? 윤아가 한국어를 듣기-말하기-읽기-쓰기 순서로 배우는 것처럼 미국의 영유아들도 엄마 아빠의 영어를 같은 순서로 배웁니다. 아주 중요한 개념입니다. 영유아가 모국어를 처음 배울 때 가장 중요한 요소는 엄마 아빠의 모국어를 소리로 듣는 것입니다. 그리고 어른들과 상호 작용하는 것입니다.

영알못 부모는 한국에서 어떻게 영어 환경을 만들 수 있을까

그렇다면 영어가 유창하지 않은 토종 한국인 엄마 아빠는 윤아 같은 아기에게 어떻게 영어 환경을 만들 수 있을까요?

다양한 영어 그림책을 촘촘하게 준비하여 소리 내어 읽어 주시기 바랍니다. 윤아가 아직 엄마의 한국어를 이해하지 못한다고 하더라도 다양한 주제에 대해 엄마의 언어로 말을 걸고 계시죠? 마찬가지로 다양한 주제의 영어 그림책을 소리 내어 읽어 주면 엄마가 영어로 말을 거는 효과가 나타납니다.

지금은 상상이 안 되겠지만, 윤아는 곧 뒤집기를 시도하고 엎드려 기다가 생후 10개월쯤 지나면 드디어 혼자 힘으로 바닥에 앉기 시작할 것입니다. 척추에 힘이 생기면서 몸을 지탱하게 되는 것이죠. 이때부터는 아이를 품에 안고 책을 읽어 주시면 됩니다.

지금 윤아에게는 무엇을 해야 할까

아무것도 하지 마십시오. 10개월 전까지는 영어 그림책을 읽어 주는 것이 아무런 효과가 없습니다. 아무런 상호 작용 없이 소리만 들려주는 것은 청각이 채 발달하지 않은 아이에게 녹음된 소리를 들려주는 것과 마찬가지이기 때문입니다.

생후 4개월 아기는 시각이나 청각이 발달하지 않은 상태입니다. 성급한 부모들은 조기 영어 교육 시킨다고 아직 몸도 못 가누는 갓난아이의 머리맡에 스마트폰이나 전자 기기를 가져다 놓고 소리를 들려줍니다. 아이의 청각 발달에 부담을 줄 수 있습니다. 지금은 그저 윤아가 밥 잘 먹고 건강하게 잘 크는 것에만 신경 쓰시면 충분합니다.

그럼 10개월이 될 때까지 엄마 아빠는 무엇을 해야 할까

윤아가 10개월이 될 때까지 엄마 아빠는 윤아의 영어 환경을 준비해야 합니다. 앞으로 윤아에게 읽어 줄 영어 그림책은 어떤 게 있을지 미리 알아보고 준비해 놓으면 좋겠습니다.

엄마 아빠의 영어 실력이 뛰어날 필요는 없지만, 앞으로 윤아를 품에 안고 소리 내어 영어 그림책을 읽어 줄 정도의 실력은 미리 갖추는 게 필요합니다. 한편 엄마 아빠가 손에서 스마트폰을 내려놓고 한국어든 영어든, 소설이든 수필이든 책 읽기를 시작하는 것도 좋겠습니다. 윤아만 책 읽기를 좋아하게 되는 것보다는, 온 가족이 책 읽는 분위기가 되면 더욱 좋으니까요.

앞으로 윤아에게는 어떤 영어 그림책을 읽어 줘야 할까

한국 엄마 아빠들의 오해 중 하나는 아이가 책을 읽으며 어떤 지식이나 깨달음을 얻어야 한다는 것입니다. 그런 건 나중에 윤아가 초등학교에 입학하고 중학년 이상은 되었을 때 기대하셔도 전혀 늦지 않습니다.

윤아에게 가장 중요한 것을 하나만 꼽으라고 한다면, 윤아에게 책은 일상이 되어야 한다는 것입니다. 그리고 책은 엄마 아빠의 품속처럼 따뜻한 어떤 것이라는 인식을 갖게 된다면 더 이상 바랄 것이 없습니다. 이 나이 때 책은 엄마 아빠와 상호 작용하는 매개체가 되어야 합니다.

'책은 나에게 좋은 것'이라는 인상을 심어 주기 위해서는 '보드 북'이 제격입니다. 한국어든 영어든 새 책을 사실 필요 없습니다. 한편 영어책은 '에릭 칼'의 책들을 추천합니다. 원색의 그림에 단순한 영어 문장이 반복되어 아직 시각이 발달하지 않은 아이들이 책과 친해지는 데 좋은 역할을 할 겁니다. 그다음에는 다양한 영어 동요를 들려주며 같이 흥얼거리기도 하고 신이 나면 춤도 추면 좋겠습니다.

품에 안고 보드 북을 함께 넘겨야 하는 이유

엄마와 아빠가 바닥에 앉아 윤아를 끌어안고 반드시 윤아와 같은 시선으로 보드 북을 넘기며 소리 내어 읽어 주셔야 합니다. 이건 아주 중요한 팁입니다. 윤아가 귀로는 엄마 아빠의 음성을 들으면서 엄마 아빠와 기본적인 상호 작용을 할 수 있는 자세이기 때문입니다. 유튜브나 블로그를 보면, 아이와 마주 보고 앉아 책을 소리 내어 읽어 주는 분들이 많습니다. 남들에게 보여 주기용으로는 좋은데, 아이의 언어 습득 과정을 전혀 이해하지 못한 행동일 뿐입니다. 더 이상 품에 안은 채 읽어 줄 수 없을 때까지는 반드시 윤아와 같은 시선으로 책장을 넘겨 주시기 바랍니다.

엄마와 아빠의 영어 발음은 얼마나 중요할까

어린 자녀의 영어 발음을 신경 쓰는 것은 한국인 부모 밖에 없을 것입니다. 엄마 아빠가 윤아를 끌어안고 아무리 영어책을 읽어 줘도 윤아가 조금 더 크면 영상 매체를 보여 주게 될 텐데요, 결국 윤아의 영어 발음은 영상 매체 속 영어 네이티브의 발음을 따라가게 됩니다. 지금 윤아 어머님이 자신의 영어를 위해 발음을 교정하는 것이라면 적극 지지합니다만, 윤아의 영어 발음에 안 좋은 영향이 있을까 봐 교정하려 하신다면 안 하셔도 됩니다.

현재 4개월 된 윤아가 10개월이 되기 전까지 윤아의 영어 환경을 위해 필요한 것들을 정리해 보았습니다. 앞으로 1, 2년은 윤아가 영어를 비롯한 언어 능력뿐만 아니라 책 읽기의 즐거움을 알게 될지를 결정하는 중요한 시기입니다.

영유아의 영어 환경과 엄마 아빠의 준비에 대해서는 드리고 싶은 말씀이 더 있습니다만, 나중에 전화나 영상 통화로 좀 더 설명해 드리고 싶습니다. 읽어 주셔서 감사합니다.

> **5세 민영 양 사례**

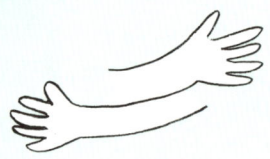

안녕하세요, 민영이 아버님.

제 블로그 이웃은 보통 엄마들이고, 이번처럼 컨설팅을 진행하면 보통 엄마들이 신청하시는데요. 아버님이 이렇게 연락을 주시다니 반갑습니다.

아이가 어릴수록 아이에 대한 아빠의 관심과 참여는 중요하다고 생각합니다. 아빠만의 장점이 있기 때문입니다. 예를 들면 아이들의 신체 활동은 점차 활발해지는데요, 아무래도 아빠가 체력적으로 유리하겠죠. 무엇보다도 이런 신체 활동은 아이가 아빠와 친밀감을 형성하는 데 중요한 역할을 하게 될 것입니다.

아빠가 어린아이에게 책을 읽어 주면 아이의 언어 발달에 도움이 된다는 연구 결과도 본 것 같습니다. 아빠가 아이의 교육에 관심을 두고 참여하면 영어를 비롯한 언어 발달에도 도움이 되는 것입니다.

부모가 흔히 저지르는 실수

어린 자녀의 영어 발달 관련 엄마 아빠가 실수하는 게 있습니다. 그중 하나는 엄마 아빠가 학생 때 영어를 공부했던 경험을 어린 자녀에게 물려주는 것입니다.

민영이 아버님이 영어를 처음 배웠던 때를 한번 떠올려 보시겠습니까? 초등학교나 중학교에 다니면서 알파벳 스물여섯 글자의 순서를 외우고 글자의 형태와 소릿값을 외웠을 것입니다. 그리고 교과서를 펼쳐 짧은 대화문을 읽는 연습을 했을 것입니다. 장마다 나오는 새로운 단어와 문법 사항을 이해하려고 노력했을 테고요.

중학교와 고등학교에서는 학년이 올라가면서 어휘, 문법, 독해 등 분야별로 전문화된 교재로 공부하고 문제를 풀었을 것입니다. 고등학교 졸업 후에는 회화 학원에 다녔을 수도 있고, 학원에서 토익 문제를 풀고 주말 아침이면 시험을 보러 갔을지도 모릅니다.

민영이 아버님의 이런 경험은 모국어인 한국어가 이미 발달한 상태에서 영어를 외국어로 공부한 것입니다. 그런데 이런 아빠의 경험을 아빠보다 훨씬 이른 다섯 살에 시작한다고 과연 민영이의 영어 실력이 좋아질까요?

민영이는 아직 어리기 때문에 우리말처럼 영어도 모국어로 배울 수 있습니다. 학자들에 따르면 보통 10세 전후까지는 어떤 언어든 모국어로 배울 수 있는 능력이 있다고 합니다. 실제로 한국에서 태어나 한국어를 듣기-말하기-읽기-쓰기 순서로 배우는 것처럼 영어도 이런 순서로 배울 수 있습니다.

부모가 모두 영어를 못하는데 민영이가 어떻게 영어를 모국어로 배울 수 있냐고요? 민영이가 우리말을 배우는 과정을 곰곰이 생각하면서 그 순서와 방식을 그대로 영어에 적용하면 됩니다. 제가 딸아이 만두에게 했듯이 말입니다.

다섯 살 민영이에게 영어 그림책이란?

어린 자녀의 영어 발달 관련 엄마 아빠의 두 번째 실수는 책 읽기를 학습과 연계시키는 것입니다. 아이가 책을 읽고 나서 지식이나 깨달음 혹은 뭐라도 얻는 게 있기를 바라는 것이죠. 책 읽기 자체가 즐거움이 되어야 한다는 생각은 못 하는 것 같습니다.

다섯 살이지만 민영이는 우리말에 익숙해져 있기 때문에

영어와 영어 그림책에 대한 거부감이 있을 수 있습니다. 민영이가 엄마 아빠와 읽는 영어 그림책을 싫어하지 않게끔 다양한 영어 그림책을 준비하여 민영이에게 하나씩 시도해야 합니다.

'다섯 살이니까 이 정도 영어 그림책은 읽어 줘야 해'라는 생각은 하지 마시기 바랍니다. 엄마 아빠의 욕심일 뿐입니다. 정작 민영이는 '재미있는 우리말 그림책을 놔두고 엄마 아빠는 왜 알아듣지도 못하는 이상한 그림책을 읽어 주려고 하지?'하고 생각할지도 모릅니다. 민영이가 영어와 영어 그림책에 거부감을 가질 수 있다는 생각으로 철저히 민영이를 기준으로 접근하셔야 합니다.

영어 그림책을 활용하기

제 블로그를 보시고 영어 그림책 읽기의 효과에 공감하셔서 저에게 컨설팅을 요청하셨다고 하셨죠?

저는 딸아이에게 그동안 읽어 줬던 거의 모든 영어 그림책을 아직도 보관하고 있습니다. 1,000권 정도 되는데요, 지난 5~6년 동안 집 근처 어린이 도서관에서 빌려다 읽어 준 책도 2,000권은 넘을 것 같습니다.

영어 그림책을 샀든 대여했든 그 책들은 한 번 이상은 아이에게 소리 내어 읽어 줬고, 아이의 요청으로 어떤 영어책들은 서른 번 전후로 반복하여 읽어 주기도 했습니다. 같은 신데렐라 이야기도 글밥이 적은 얇은 책도 있을 테고 이야기가 좀 더 상세한 책도 있을 것입니다. 같은 내용의 다른 버전들은 아이가 새롭게 느낄 수 있습니다.

3,000권 정도의 책이면 엄마와 아빠가 영유아 자녀에게 해 주고 싶은 웬만한 이야기는 다 갖추고 있을 것 같습니다. 엄마와 아빠의 영어 말하기 실력이 충분하지 않으니 대신 책으로 보완해 준 셈이죠.

문자 교육은 나중에

어린 자녀의 영어뿐만 아니라 언어 발달에서 엄마 아빠의 세 번째 실수는 조기 문자 교육입니다. 문자를 알아야 책을 읽을 수 있다고 생각하는 것입니다. 그래서 아이가 서너 살만 되어도 벽에 알파벳을 붙여 놓고 글자의 형태와 소릿값을 반복시킵니다. 아직 연필 잡는 게 서툰 아이에게 글자를 쓰게 합니다.

누군가 책을 소리 내어 읽는 것을 듣더라도 책 속 이야기를 직접 읽는 효과가 있습니다. 나이가 어릴수록 더욱 그렇습니다.

어린아이가 문자를 일찍 깨우치면 '우리 아이는 문자를 읽고 쓸 줄 알아요' 하고 다른 사람들에게 자랑하기에는 좋겠지만, 그 외에 좋은 건 없습니다. 나중에 좀 더 설명해 드릴 기회가 있을 것입니다.

스마트폰 절대 금지

조금 다른 말씀입니다만, 다섯 살 민영이는 스마트폰과 친해지지 않기를 바랍니다. 유모차나 식당 테이블에 앉아 있는 아이들이 스마트폰을 뚫어져라 쳐다보는 모습을 자주 보게 됩니다. 스마트폰의 폐해를 전혀 모르는 엄마 아빠의 무관심은 둘째치고, 일찍부터 스마트폰에 중독되어 가는 아이가 안타깝습니다.

스마트폰의 폐해에 대해서는 한 시간도 넘게 말씀드릴 수 있습니다만, 여기서는 윈도를 개발한 빌 게이츠나 아이폰을 세상에 내놓은 스티브 잡스는 자신들의 자녀가 14세가 될 때까지 컴퓨터나 스마트폰을 소유하지 못하게 했다는 것만 말씀드리겠습니다. 자신들이 만든 제품에 사람들은 환호하는데, 정작 본인들은 자신의 아이들이 절대 그 제품들과 친해지지 않게 했다는 것이 무엇을 뜻하는지 생각해 보셨으면 좋겠습니다.

강렬한 시각적·청각적 자극이 넘치는 영상물을 스마트폰의 작은 화면으로 보기 시작하면, 흰색 종이에 검은색 잉크로 인쇄되어 아무런 자극이 없는 책을 읽는 건 점점 더 어려워집니다.

엄마표 영어를 소개하는 몇몇 사람들은 시대가 변했으니 스마트폰을 활용해야 한다며 유튜브에서는 뭘 보여 주고, 넷플릭스에서는 뭘 보여 주라고 추천합니다. 그건 정말 스마트폰의 폐해를 몰라서 하는 말인 것 같습니다. 민영이에게 스마트폰을 노출하는 시기는 늦으면 늦을수록 좋습니다.

다섯 살 민영이가 영어 그림책과 영어에 대해 거부감만 가지지 않는다면 앞으로 민영이의 영어 환경 첫 단추는 성공적으로 끼우는 것입니다.

민영이의 영어 환경을 위한 시간은 많습니다. 조바심 내지 마시고 다른 집 아이들과 비교하지 마시고 민영이만 바라보며 민영이의 영어 환경을 만들어 가시기 바랍니다.

초등 1년 쌍둥이 형제 사례

안녕하세요, 쌍둥이 어머님. 만두 아빠의 '어린 자녀의 영어 환경 컨설팅'을 신청해 주셔서 감사합니다.

만두는 영어가 뭔지 한국어가 뭔지 전혀 구분하지 못할 때부터 언어 환경을 만들어 왔기 때문에 영어 혹은 영어-한국어에 대한 별다른 거부 반응은 없었습니다. 그래서 초등 1학년 자녀들에게 처음 영어 환경을 만들어 주려는 어머님께는 무엇을 어떻게 설명해야 할지 고민이 되었습니다. 초등 1학년이면 우리말에 익숙해져 영어에 대한 거부감이 있을 수 있기 때문입니다.

쌍둥이들이 초등학교 입학 전부터 스마트 기기를 사용했고 지금도 일정 시간은 영상물을 시청하고 있다고 하셨는데요. 쌍둥이들의 영어 환경과 스마트 기기를 연결하여 설명해 드리면 좋을 것 같습니다.

영상물 시청에 대한 경계

저는 아이가 어릴수록 영어 환경의 핵심은 영어 그림책이어야 한다고 말씀드리는데요, 스마트 기기와 영상물은 그런 영어 환경을 망치는 가장 큰 방해꾼입니다.

영어든 한국어든 우리 아이들이 언어 능력을 발달시켜야 하는 이유를 생각해 볼 필요가 있습니다. 일상생활에서의 편리성, 효율성이 첫 번째 이유이지만, 조금 더 멀리 내다본다면 다양한 종류의 책을 읽고 저자의 뜻을 이해하고 최종적으로는 자기 생각을 글로 표현할 수 있기 때문입니다. 이러한 읽기-쓰기는 풍부한 책 읽기가 선행되어야 하고요.

하지만 일찍부터 영상물에 익숙해진 아이들은 책 읽기를 어려워하게 될 수 있습니다. 흰색 종이에 검은색 글씨가 인쇄된 책은 아무런 자극이 없는 물건입니다. 이에 비해 영상물은 시각적·청각적 자극이 강해서 영상물의 내용과 상관없이 일단 시청자의 주의를 빼앗습니다.

저는 영어 환경과 상관없이 어린아이의 영상물 시청을 매우 경계합니다. 아이가 어릴수록 반드시 엄마 아빠가 소리 내어 읽어 주는 책 속 이야기의 재미를 충분히 알게 된 후 영상물에 노출되어야 나중에 영상물에 치우치지 않고 스스로 책을 읽게 됩니다.

영상물 시청은 어느 정도가 적당할까?

한국어가 이미 모국어로 완성된 초등학교 입학 전후 아이들은 영어라는 낯선 언어에 대한 거부감이 심할 수밖에 없습니다. 따라서 지금 그 나이 아이들에게 영어 그림책만으로 영어 환경을 만드는 건 어려울 수 있어서, 영어 애니메이션을 비롯한 영상물을 적절히 활용하는 영어 환경을 생각해 봐야 합니다.

그렇다고 취학 전 어린아이에게 영어 영상물 시청부터 권하는 엄마표 영어책들이나 유튜브를 떠올리지는 마시기 바랍니다. 영어 영상물을 보여 주면 당장 영어 듣기-말하기에 있어서 효과를 기대할 순 있을 겁니다. 하지만 앞서 말씀드린 것처럼 우리 아이의 언어 발달에서 중요한 책 읽기를 방해하는 영상물 시청은 적절하게 규제되어야 합니다. 쌍둥이들은 이미 스마트폰과 영상물 시청에 익숙한 상태이니 한동안은 책 읽기에 더 많은 시간을 할애하시는 게 필요해 보입니다.

아이들이 그런 균형을 스스로 찾을 순 없죠. 엄마 아빠가 아이들의 저항을 잘 다루시면서 책 읽기와 영상물 시청 사이의 균형을 찾을 수 있도록 고민하셔야 합니다.

촘촘한 영어 그림책 준비

쌍둥이의 영어 환경을 위해 지금 권하고 싶은 방법은 다양한 영어 그림책을 촘촘하게 준비하여 쌍둥이들에게 소리 내어 읽어 주시라는 것입니다. '초등 1학년이면 이 정도 영어책은 읽어야지……'라고 생각하신다면 그건 엄마 아빠의 기준을 강요하는 것입니다.

지금 쌍둥이들의 영어 능력만 놓고 보면 8세가 아니라 영유아나 다름없습니다. 엄마 아빠가 다양한 영어 그림책을 소리 내어 읽어 줄 때 거부감을 보이지 않고 호기심으로 엄마 아빠와 함께 책장을 넘길 수 있는 책을 찾아야 합니다.

그게 만약 영유아용 보드 북일지라도 상관없습니다. 영어 능력만 놓고 보면 영유아라고 말씀드렸던 이유입니다. 철저하게 쌍둥이들의 영어 능력과 취향을 살펴 가며, 쌍둥이들이 거부하지 않고 관심을 보이는 영어 그림책을 찾아가셔야 합니다.

그런 영어 그림책을 찾는다면 그와 비슷한 소재, 글밥의 영어 그림책들을 다양하게 찾아 읽어 주시면 됩니다.

알파벳과 워크북은 나중에

쌍둥이들이 초등학생이다 보니 알파벳이나 파닉스도 가르쳐야 하고, 필요하다면 학습지를 시켜야 한다고 생각하실 수 있습니다. 하지만 지금은 영어를 소리로 익숙해져야 합니다. 영어를 어떤 부담으로 여기지 않아야 합니다. 학습이라는 부담으로 받아들여질 수 있는 알파벳, 파닉스, 문법, 워크북 등은 지금 하시지 않아도 됩니다.

영어 거부감을 뛰어넘어야 한다

어린아이가 언어를 배우는 방법에는 습득과 학습이 있습니다. 습득은 오랜 시간 그 언어가 사용되는 환경에서 지내면서 언어를 배우는 방식이고, 학습은 습득한 언어를 바탕으로 의식적인 노력을 기울여 언어를 배우는 방식입니다.

그런데 언어학자들에 따르면 10세 전후까지는 언어를 습득할 수 있다고 합니다. 쌍둥이들의 영어 습득에 조바심 내지 마시고 여유 있게 접근하는 게 필요합니다. 엄마 아빠가 먼저 단기 성과를 바라는 모습을 보이면, 그렇지 않아도 영어에 대한 거부감이 있는 아이들이 영어를 언어로 습득하는 여유는 불가능할지 모릅니다.

쌍둥이들은 영어를 습득할 수 있는 시간이 아직 충분합니다. 영어 그림책을 중심으로 다양한 경험을 쌓게 해 주시면 좋겠습니다. 영어 그림책도 한글 그림책만큼 재미있다는 경험을 쌓게 해 주시고 조금씩 영어 영상물 시청을 허용해 주시면, 그래서 영어에 대한 거부감만 없앤다면 성공입니다.

영어 실력의 단기적인 성과에만 집중하지 마시기 바랍니다. 아직 시간이 있습니다.

> **초등 6년 다경 양 사례**

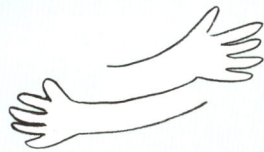

안녕하세요, 다경이 어머님.

저는 언어나 교육 분야의 전문가가 아닐뿐더러 이제 겨우 초등학생 딸아이의 영어 성장을 세심히 지켜봐 온 평범한 아빠입니다. 따라서 초등 6학년의 영어 환경에 대해 의견을 말씀드리는 게 매우 조심스럽습니다.

다경이의 현재 상황

올해 초등학교 6학년인 다경이는 어렸을 적부터 엄마와 함께 한국어 책은 꾸준히 읽어 왔고 책 읽기를 좋아한다고 하셨죠. 그런데 그동안 어머님이 다경이의 한국어 책 읽기에 관심을 둔 것에 비하면 다경이의 영어는 거의 신경 쓰지 않은 셈이라고 하셨고요.

중학교 입학을 앞두고 다경이는 스스로 영어를 공부하고 싶다고 하여 6개월째 집 근처 영어 학원에 다니고 있으나, 학원에서 내주는 영어 단어 암기 숙제를 부담스러워하고 어려운 용어를 써가며 가르치는 문법에 좀처럼 흥미를 갖지 못하고 있고요. 그래서 학원은 그만 다니고 싶어합니다.

다른 학원을 보내자니 크게 다를 것 같지도 않고, 일단 영어에 대한 다경이의 흥미를 살리는 게 필요해 보인다고 하셨고요.

다경이의 영어에서 필요한 것

아이들이 언어를 배우는 방식에는 습득과 학습이 있습니다. 습득은 아이가 태어나 오랜 시간 엄마 아빠의 언어 환경 속에서 지내며 그 언어를 모국어로 배우는 방식입니다. 이에 비해 학습은 의식적인 노력을 기울여 어떤 언어를 배우는 방식입니다.

전문가들에 따르면 보통 10세 전후까지는 습득으로 언어를 배울 수 있다고 합니다. 다경이는 올해 13세이니 전문가들이 말하는 언어 습득은 불가능한 나이입니다. 하지만, 열 살이라는 나이는 어떤 절대적인 숫자는 아니라고 생각합니다.

어렸을 적부터 다경이에게 한국어 책을 읽어 주셨고, 다경이는 엄마와 함께 책을 읽으며 한글을 깨우쳤다고 하셨습니다. 저는 이 경험을 다경이의 영어에도 적용해 보면 어떨까 합니다. 다경이가 좋아할 만한 영어책을 찾아 어머님이 같이 읽어 주시면 좋겠습니다.

다경이에게 추천하는 네 가지 실천 방법

초등 6학년이라는 생각은 일단 접어두시고, 글밥이 적더라도 다경이가 좋아할 만한 캐릭터가 등장하는 영어 그림책 시리즈를 읽어 주시면 좋겠습니다. 그래서 다경이가 흥미를 보이는 그림책이 있다면 그런 종류의 책으로 같이 읽어 나가는 것이죠. 강아지를 좋아한다면 『Clifford』 같은 시리즈가 괜찮을 것 같고요. 『Curious George』같이 귀여운 캐릭터가 사고를 일으키고 해결하는 에피소드도 좋아하지 않을까 생각합니다. 『Arthur』 같은 그림책 시리즈는 나중에 챕터 북으로도 연결할 수 있으니 한번 보여 주시며 반응을 살펴보는 것도 좋을 것 같습니다.

영어 그림책을 엄마와 읽는 것과는 별개로 다경이와 함께 서점에 가서서 다경이가 스스로 해 볼 만하다고 선택하는 어휘집을 하나 고르시면 좋겠습니다. 만약 1장부터 20장까지 구성되어 있다면, 처음엔 순서대로, 두 번째 공부할 때는 20장부터 1장으로, 세 번째 공부할 때는 1, 3, 5…… 등 홀수 장부터 공부하고 이어서 짝수 장을 공부하게 하는 등 변화를 주는 것도 좋습니다. 그래서 영어 단어를 무지막지하게 암기해야 한다는 부담을 덜 수 있고, 무엇보다 다경이의 속도로 공부한 어휘 책의 단어가 그림책에 나온다면 더할 나위 없이 다경이의 영어 기초에 큰 효과를 발휘할 것입니다.

이제 중학교에 입학하니 기초 영문법 정도는 공부하는 게 필요해 보입니다. 영문법은 EBS 교재 중 기초 단계를 추천하고 싶습니다. 어휘 책과 마찬가지로 EBS의 인강을 몇 개 들어 보고 다경이가 해 보고 싶다는 것으로 선택하시면 되겠습니다.

다경이에게 추천하고 싶은 네 번째는 넷플릭스 시청입니다. 전개가 빠르지 않은 애니메이션이나 아이들이 주인공으로 출연하는 짧은 드라마를 보여 주시기를 바랍니다. 「베스트 탐정단(The Inbestigators)」이나 「우리 사장님은 15살(Some Assembly Required)」같이 단막극 형식으로 된 드라마를 처음엔 한글 자막으로 보여 주고, 두 번째는 한글 자막을 없애고 보여 주는 식으로 변화를 주시고요.

지금 다경이에게 바라야 하는 것

저는 영상물의 시각적·청각적 자극을 매우 경계하기 때문에, 영어 영상물을 보게 하는 것은 권하지 않습니다. 아이의 나이와 상관없이 영어 그림책이든 영어책이든, 책 속 이야기의 즐거움을 먼저 알고 난 후 영어 영상물을 보게 해야 합니다. 다만, 다경이는 어렸을 적부터 엄마와 함께 한국어 책을 읽어 왔고, 본인이 초등 고학년으로서 엄마와 충분히 대화할 수 있기 때문에, 영어에 대한 거부감을 줄이기 위해선 영어책 읽기와 함께 영어 영상물 시청을 병행해도 큰 문제는 없을 것 같습니다.

무엇보다도 다경이가 스스로 영어 공부의 필요성을 잘 알고 있어 다행입니다.

현재로서는 다경이가 영어 공부의 불씨를 꺼뜨리지 않도록 잘 유지하다가 서서히 불을 지펴나간다는 생각으로 접근하시면 좋겠습니다. 올해 말까지 이렇게 네 가지를 꾸준히 실천한다면 다경이 스스로 영어에 대한 거부감을 줄이고 영어는 한번 해 볼 만하다는 자신감을 갖게 될 것입니다.

앞으로 어떤 변화가 있는지 연락해 주시기 바랍니다.
감사합니다.

에필로그

저는 글을 참 어렵게 씁니다. 일단 아이디어를 A4용지 두세 장에 적습니다. 이 과정에만도 많은 시간이 걸리는데요, 그다음 과정은 시간도 걸리지만 고통이 더해집니다. 문장 하나하나는 물론이고 메시지가 오해 없이 전달될지 요리조리 따져가며 읽고 또 읽거든요. 그렇게 글 몇 편이 완성되면, 이번에는 모아 놓은 글들을 읽으며 전체적인 흐름이 자연스러워질 때까지 고치고 또 고칩니다. 이 책의 원고는 이런 과정을 거쳐 5개월 만에 완성할 수 있었습니다. (노트북이 아닌 원고지에 써야 한다면, 저는 결코 글을 쓸 수 없을 것입니다!)

한편 200페이지가 넘는 원고를 완성하는 데 5개월밖에 걸리지 않았던 것은, 그 직전에 전자책 쓴다고 위와 같은 과정을 9개월 넘게 거친 덕분입니다. 지금 생각해 보면, 전자책은 이번 종이책의 원고를 쓰기 위한 습작이었습니다. 결국 이 책의 원고는 일 년 조금 넘게 걸려 완성되었다고 할 수 있습니다.

그런데 조금 더 거슬러 올라가 2020년 5월부터 시작한 블로그를 언급하지 않을 수 없습니다. 블로그에 올릴 글 한 편을 쓰는데 주말을 온통 쏟아 넣으면서도 포기하지 않은 것은 이번에 원고를 완성하게 한 매우 중요한 훈련이었습니다.

그렇다고 이 책의 원고가 블로그에서 글쓰기를 연습했기 때문에 가능했냐 하면, 그것도 아닙니다. 아이의 미래를 설계하고 아이의 영어 환경을 고민하는 '모든 것의 시작'은 10여 년 전 만두가 결혼 후 11년 만에 태어난 덕분입니다. 그동안 만두가 만들어 준 추억과 행복은 이 책의 원고를 채우는 훌륭한 콘텐츠가 되었습니다. "만두야, 고맙다!"

만두 엄마도 **빼놓을** 수 없죠. 고집불통 남편 곁에서 딸아이에게 헌신하는 만두 엄마 덕분에 지금의 만두가 있다고 생각합니다. 만두 엄마야말로 이 책을 출간할 수 있게 한 일등 공신입니다. 손녀딸을 지극정성으로 예뻐해 주시는 양가 부모님들께도 감사드립니다.

블로그를 막 시작했을 때 온라인 세계에 눈을 뜨게 도와주신 드림주주님, 온라인 북클럽에서 딸아이와 쌓은 경험을 소개하게 해 주신 쏘피쌤님, 진심으로 책을 읽는 게 무엇인지 보여 주시는 책세수미카님, 만두 아빠의 영어 환경이 초등 고학년 자녀에게도 적용될 수 있음을 증명해 주고 계신 보노님, 전자책의 초안을 읽고 의견을 주셨던 비단채완님, 하늘처럼님, 봄날처럼님, 플라이청아님, 요안나님, 팔짜눈썹맘님, 보람님께도 감사드립니다. 한 분 한 분이 저에게 용기와 확신을 주셨습니다. '놀이미디어교육센터'의 권장희 소장님께도 감사드립니다. 이 분의 세바시 강연을 보고 영상물의 위험을 다시 한번 깨달을 수 있었습니다.

감사드려야 할 분들은 또 있습니다. 제 경험을 눈여겨 봐 주시고 책 출간을 제안해 주신 미류책방의 미미 대표님이 아니었으면, 저같이 평범한 아빠가 책을 쓰는 일은 결코 없었을 것입니다. 글 쓰느라 힘들다고 징징거릴 때, "원고 쓰다 죽은 사람 없으니 걱정하지 말라"며 한방에 정리해 주셨던 멋진 류 편집장님께도 감사드립니다. 두 분과 나눈 대화에는 원고의 완성도를 높이는 중요한 힌트가 항상 있었습니다. 만두 아빠를 믿어 주시고 성원해 주셔서 감사합니다.

끝으로 이 책을 읽고 계신 대한민국의 엄마와 아빠께도 감사드립니다. 만두와 쌓은 제 경험이 여러분 가정에도 도움이 되기를 바랍니다.

만두 아빠의 영어 환경은 자녀가 어릴수록 더 큰 효과를 기대할 수 있는 영어 습득 방법입니다. 아기가 태어나 모국어를 배우는 과정을 그대로 모방하였기 때문입니다. 그렇다고 영유아에게만 적용되는 방법은 아닙니다. 아이가 언어를 배우는 과정을 부모가 잘 이해하고 모방한다면 초등 고학년 아이에게도 효과가 있음을 여러 사례를 통해 확인하고 있습니다.

블로그에 만두의 영어와 일상을 주제로 한창 글을 올릴 때, 많은 분이 어렵게 얻은 영어 노하우를 왜 공개하냐고 물으시더군요. 저는 만두와 같은 시대를 살아갈 대한민국 또래 아이들이 정신적으로나 신체적으로 건강하게 자라길 바랍니다. 딸아이와 쌓은 경험을 나눔으로써, 어렸을 적부터 영어를 지식으로 공부하느라 아이들이 받는 불필요한 스트레스를 줄여 주고, 넘쳐 나는 영어 사교육 정보에서 어찌해야 할지 모르는 부모님들의 스트레스를 줄이는 데도 도움이 되고 싶었습니다.

이 책으로 인해 자칫 영어 조기 교육을 떠올리거나 제가 생각지 못한 어떤 부작용이 있지 않을까 하는 걱정이 생기기도 하는데, 기우이길 바랍니다. 아이의 언어 발달에서 '습득'과 '학습'의 차이를 꼭 구분하시고, 영어를 비롯한 교육의 기준은 항상 아이가 되기를 바랍니다.

우리 아이들의 영어와 교육 관련 다양한 의견은 언제나 환영합니다.

감사합니다.

추천사

박현순

성균관대학교 미디어커뮤니케이션학과 교수, 前 성균관대학교 국제처장

처음엔 그간 시중에 수없이 출간되어 온 어린이 영어 학습 지침서 정도 아닐까 하는 시선으로 한 장 두 장 원고를 넘겼다. 하지만 나의 오판이었다. 이 책은 딸 바보 아빠의 따뜻한 사랑과 지극정성이 듬뿍 담긴 육아 일기이자 영어 교육 철학서이다.

저자는 자녀를 영어 학원 버스에 실려 보내면 자녀의 영어 실력이 자동으로 향상될 거라고 믿는 부모들에게 쓴소리를 전한다. 이 책은 부모와 아이의 끊임없는 상호 작용 속에서 결실을 맺는 언어 습득 과정을 아이의 성장 단계별로 상세하게 풀어내고 있다. 즉, 언어는 학습이 아닌 '습득'이어야 한다는 점을 강조하며 자연스러운 언어 습득 환경 형성 방법, 그리고 인내와 사랑으로 기다린 아이의 성장 스토리를 담고 있다.

이 책은 영유아 자녀를 둔 부모들에게 특히 많은 도움을 줄 수 있을 것 같다. 자녀의 영어 교육과 미래에 대해 고민이 많은 부모들, 내 아이만큼은 영어 울렁증으로부터 자유로워지길 바라는 부모들, 영어 교육의 새로운 시도에 목말라 있는 부모들, 그리고 영어 교육에 종사하는 분들이 꼭 읽었으면 하는 책이다.

쏘피쌤

네이버 어학 인플루언서, 영어 원서 읽기 클럽 '리북스' 운영

'옆동우서'

만두 아빠가 만들어 낸 이 신조어는 만두 아빠가 이 책을 통해 전하려는 가장 큰 메시지라고 생각한다. 그 뜻을 알고 나면 만두 아빠의 단호함과 용감함마저 느껴진다. 우리 아이들이 진정 행복한 삶을 살기 위해서는 무엇보다도 부모가 올바른 교육에 관해 고민해야 한다는 그의 진심이 강하게 느껴지기 때문이다. 책을 다 읽고 난 후 나도 함께 '옆동우서'를 외치고 싶어졌다.

이 책은 아이들의 영어 실력을 키우는 단순한 지침서라기보다는 아이의 평생 교육을 위해 생각해 보는 기회를 준다. 만두 아빠의 남다른 통찰이 많은 분께 전달될 수 있기를 진심으로 바란다.

너란아이

독서 논술 강사

한국에서는 어쩔 수 없이 입시 영어를 공부해야 한다. 결국 대학 가기 위한 도구로서의 영어로 끝나기 쉽다. 하지만 우리가 영어를 오롯이 '언어'로 접할 수 있다면 그것이야말로 최고의 교육이 아닐까 싶다. 우리 아이들이 태어나서 처음 접할 수 있는 독서는 엄마, 아빠의 목소리일 것이다. 그 목소리로 영어 원서를 듣고 경험할 수 있다면 영어 문해력뿐 아니라 영어권에 사는 아이들과 비슷한 환경의 다양한 경험을 쌓을 수 있을 것이다. 아이의 영어 교육에서 마법 같은 일을 경험하고 싶다면 꼭 읽어 보시라고 추천하고 싶다.

드림주주

네이버 어학 인플루언서

나는 전형적인 한국식 입시 교육으로 영어를 배운 탓에 20대 후반까지 영어 스피킹으로 고생했고, 우여곡절 끝에 지금은 외국계 회사에서 근무 중이다. 만두 아빠가 제시해 준 아이들 영어 교육 방법은 그동안 고민했던 영어 스피킹에 대한 인식을 바꿔 주는 계기가 되었다. 아이에게 영어책을 읽어 주는 것이 어떤 결과로 나타나는지 충분히 알게 되었고, 한국에서도 성공적인 영어 교육이 충분히 가능하다는 확신을 얻게 되었다.

보노

네이버 소셜 인플루언서, 북클럽 '북적북적' 운영

우리 아이는 초등학교 고학년이 될 때까지 영어책 관련 경험이 그리 많지 않았다. '과연 지금이라도 영어책을 읽어야 할까'라는 고민이 들었다. 하지만 블로그를 통해 만두 아빠의 컨설팅을 받고 나서 변화가 시작되었다. 영어에 손 놓은 엄마인 나부터 아이 영어를 위한 영어책의 역할에 강한 확신이 생겼고, 이제부터라도 아이와 함께 영어 그림책을 읽어 보자고 마음먹을 수 있었다.

2년 전 영어 그림책으로 시작한 영어책 읽기는 지금도 아이와 함께 매일 꾸준히 실천하는 습관이 되었다. 그 결과로 아이의 영어에 대한 막연한 부담감은 줄어들었으며, 나와 아이는 영어와 책 읽기에 좀 더 많은 흥미를 갖게 되었다. 우리 가족에게 큰 변화의 계기를 마련해 준 만두 아빠의 경험과 지혜가 가득한 이 책을 적극적으로 추천한다.

그저 영어 그림책을
읽을 줬을 뿐입니다!

초판 1쇄 발행 2023년 7월 10일

지은이 만두 아빠
발행인 양진오
편집인 미미 & 류
발행처 교학사
등록번호 제25100-2011-256호
주소 서울 마포구 마포대로 14길 4 5층
전화 02-707-5239
팩스 02-707-5359
이메일 miryubook@naver.com
인스타그램 @miryubook

ISBN 979-11-88632-09-1(03740)

미류책방은 교학사의 임프린트입니다.

· 파본이나 잘못된 책은 구입하신 곳에서 바꿔드립니다.
· 이 책은 저작권법에 의해 보호받는 저작물이므로 무단전재와 무단복제를 금지하며 책 내용의 전부 또는 일부를 인용하거나 발췌하려면 반드시 저작권자와 교학사의 서면 동의를 받아야 합니다.